Diogenes Taschenbuch 23006

Friedrich Dürrenmatt

# *Meine Schweiz*

*Ein Lesebuch*
*Herausgegeben von*
*Heinz Ludwig Arnold,*
*Anna von Planta und*
*Ulrich Weber*

Diogenes

Nachweis am Schluß des Bandes
Umschlagillustration:
Foto von Guido Mangold,
Graffiti von Harald Naegeli


200/98/36/1
ISBN 3 257 23006 0

# *Inhalt*

III



Epilog

Heinz Ludwig Arnold

# *Friedrich Dürrenmatt und die Schweiz*

Ein Panorama

Friedrich Dürrenmatt liebte es, im Zeitraffer durch die Geschichte zu eilen, ihre Entwicklungen mit kräftigen Strichen zu umreißen und mit grotesken Effekten auszustatten. So hat er in seinem Roman *Justiz* auch die Geschichte der Schweiz erzählt[1]. Das begann mit ihrer Gründung »vor etwas mehr als zwanzig Generationen, grob gerechnet«, und mündete in einer Gesellschaft, in der alles »rentieren« mußte »und rentierte: sogar die unermeßlichen Steinhaufen und Geröllhalden, die Gletscherzungen und Steilhänge, denn seit die Natur entdeckt worden war und sich jeder Trottel in der Bergeinsamkeit erhaben fühlen durfte, wurde auch die Fremdenindustrie möglich: die Ideale des Landes waren immer praktisch. Im übrigen lebte man entschlossen so, daß es jedem möglichen Feind nützlicher war, einen in Ruhe zu lassen, eine an sich unmoralische, doch gesunde Lebenshaltung, die von keiner Größe, aber von beträchtlichem politischen Verstand zeugte. Man mauserte sich denn auch durch zwei Weltkriege, manövrierte zwischen Bestien, kam immer wieder davon.« Dann erschien »unsere Generation«.

Zu dieser Generation gehörten zwei Schriftsteller, die auch »rentierten«. Als Schweizer Literaten verhalfen sie nicht nur der Schweizer Literatur, sondern auch der Schweiz zu weltweitem Ansehen, gerade weil sie nicht in der Schweiz aufgingen, sondern auch ihre entschiedenen Kritiker waren: Max Frisch und Friedrich Dürrenmatt.

Der eine, Frisch, hatte schon vor dem Krieg publiziert, 1934 und 1937 in Deutschland, merkwürdig verkitschte Heimatliteratur, die ihm sogar den Conrad-Ferdinand-Meyer-Preis einbrachte und die er später verwarf. Der andere, Dürrenmatt, begann bald nach dem Krieg seine existentiellen Auseinandersetzungen mit dem Glauben seines Vaters, eines protestantischen Pfarrers, in Bühnenstücke umzusetzen, die er ein paar Jahre später für Aufführungen sperrte. Beide Autoren waren grundverschieden schon im Ansatz ihres Schreibens und Denkens – Frisch, der genaue und dem Zeitgeist nahe Beobachter, Dürrenmatt, der phantasievolle Erfinder gleichnishafter Gegenwelten zur als Labyrinth empfundenen Wirklichkeit –, und auch als Kritiker ihres Landes waren beide unterschiedliche Temperamente. Max Frisch war unerbittlicher als Dürrenmatt, griff häufig mit harschen Verdikten in die Tagespolitik ein, er war unversöhnlicher, galliger. Er war freilich auch zehn Jahre älter als Dürrenmatt und deshalb mit ganz anderen Erfahrungen befrachtet als dieser: In den *Blättern aus dem Brotsack* von 1940 hat er über seine Zeit in der Schweizer Armee geschrieben, die auch geprägt war von der Auseinandersetzung der Schweizer Intellektuellen mit ihrer nationalen und kulturellen Identität gegenüber dem nationalsozialistischen Deutschland. Und nach dem Kriege lebte er im Zentrum der deutschsprachigen Schweiz, im Mittelpunkt dessen, was er, den seine Erfahrungen mit dem Schweizer Bürgertum im Krieg nicht losließen, kritisierte: im bürgerlichen Zürich, inmitten seiner »Feinde«, wie er es Dürrenmatt gegenüber formulierte[2]. Frisch, so hatte es den Anschein, liebte die Schweiz nicht, fühlte sich offenbar nicht wohl in ihr; vermutlich deshalb reiste er viel, lebte zeitweise in Rom und New York.

Friedrich Dürrenmatt wohnte zwar in der Schweiz, aber gleichsam etwas außerhalb, als Deutschschweizer lebte er in der französischsprachigen Schweiz: der Emmentaler in Neuchâtel. Dort hatte er seine Ruhe, war fernab vom politischen ebenso wie vom journalistischen und literarischen Betrieb, dort residierte er in der eigenen Welt, die sich mit der Zeit zum komfortablen Anwesen auswuchs. Er verließ es nur selten, reiste nicht gern – was auch mit seiner lebenslangen Zuckerkrankheit zu tun haben mochte –; er mußte auch die Welt nicht erst am eigenen Leib erfahren, um sie darzustellen, wie gerade Max Frisch. Friedrich Dürrenmatt war nicht weniger als er ein wacher Beobachter der Welt, die er aber mit anderen als nur politischen Kategorien maß, er war zudem ein exzessiver Leser und ein ständig Lernender. Er hatte die Welt im Kopf, und beim Denken konnte man ihm fast zuschauen. Er nahm sich so ernst wie sein Gegenüber, gerade wenn man mit ihm stritt. Für ihn, so sagte er noch wenige Monate vor seinem Tod, war »die Schweiz ein normaler Staat. Das ist das beste, was von ihr zu sagen ist. Nicht viel, aber doch nicht etwas Selbstverständliches. Ich leide nicht darunter, Schweizer zu sein, leide auch nicht unter der Schweiz, einiges ärgert mich, und vieles finde ich komisch, und daß die Schweiz nicht weiß, wie sie ihr 700jähriges Bestehen feiern soll, macht sie mir sympathisch. Aber ich könnte mir auch ohne weiteres vorstellen, daß die

Schweiz sich auflöst. Ich habe diese Vision schon im Jahr 1946 gehabt. Da habe ich in einem Aufsatz zum Thema *Das Ende der Schweiz* geschrieben, das Land werde sich auflösen wie ein Stück Zucker in einem Glas Wasser. Der Aufsatz ist verlorengegangen.«[3]

Das mag sein. Vielleicht aber erinnerte sich Friedrich Dürrenmatt auch nicht mehr so genau. Denn in seinem Nachlaß fand sich immerhin ein kleines Manuskript, das *Vom Ende der Schweiz*[4] heißt und vermutlich um 1950 entstanden ist. Schon damals forderte Dürrenmatt von der Schweiz ein moralisches Verhalten: Sie müsse eine aktive Neutralitätspolitik betreiben und Flüchtlingen Schutz und Hilfe gewähren; nach innen habe der Staat Gerechtigkeit zu verwirklichen. Denn die Modernität der Schweiz entscheide sich vor allem an ihrer Fähigkeit, gerecht und sozial zu sein, ja, eine zukünftige Schweiz sei nur als »sozialster Staat der Welt denkbar«. Im übrigen werde die Schweiz in jenem neuen Großstaat aufgehen müssen, »wenn die Vereinigten Staaten Europas ins Leben gerufen werden«. Von Zucker im Wasserglas ist allerdings nicht die Rede.

Der frühe Text schlägt in hohem und moralisierendem Ton den Grundakkord an, auf den Friedrich Dürrenmatts Auseinandersetzung mit seiner Heimat, der Schweiz, zeit seines Lebens gestimmt blieb. Es war kein unerbittlicher Kampf, den er da geführt hat, Dürrenmatt reagierte meist gelassen und mit Humor. Der Humor Dürrenmatts steckte oft schon in den Grotesken, die er zeichnete, um komplexe Zusammenhänge durchschaubar zu machen, Mystifikationen zu entlarven oder ihre Paradoxien hervorzutreiben. Vor allem, dies läßt sich ganz allgemein sagen, reagierte Dürrenmatt nie ideologisch, stets differenziert Vor- und Nachteile wägend. Mit den Schubladen-Begriffen ›links‹ und ›rechts‹ konnte er nichts anfangen, er dachte nicht in Lagern, im übrigen war ihm ein Denken in solchen Kategorien zu schlicht, um damit Erkenntnis zu vermitteln. Denn um Erkenntnis ging es Dürrenmatt immer, wenn er stritt, nicht ums Rechthaben. Dürrenmatt betrieb, so wirkte es zuweilen, seine politischen Auseinandersetzungen fast nonchalant, aber immer unbeirrt, wenn er von etwas überzeugt war. Er war weder Moralist noch Zyniker. Und als Schriftsteller nicht bloß Schweizer. Sondern stets ein kritischer Beobachter einer umfassenderen Welt, deren Gegen-Bilder er als Welt-Theater auf die Bühne brachte: »Ich bin ein Bürger der Schweiz. Aber in dem Moment, wo ich für das Theater schreibe, da stelle ich nicht nur die Schweiz hin, sondern da versuche ich, eine Welt zu bauen. Man sollte so fragen: Was in der Schweiz gibt Welttheater? Und ich glaube, nicht das Besondere an der Schweiz gibt Welttheater, nicht unsere besonderen Verhältnisse, sondern Welttheater gibt immer das Alltagsleben, das gibt die menschlichen Probleme. Die menschlichen Probleme, die hinter jeder Politik stecken.«[5]

Diese besonderen Verhältnisse der Schweiz hat Friedrich Dürrenmatt immer wieder auch zur unmittelbaren Auseinandersetzung mit seinem Land provoziert in Artikeln, Aufsätzen und Gesprächen, deren kritisches öffentliches Bedenken nie Distanzierung meinte, sondern jene Verantwortlichkeit wahrnahm, die von Verbundenheit ausgebildet wird. Denn Dürrenmatt war *seiner* Schweiz im Blochschen Sinne heimatlich verbunden, ohne in Kategorien von ›Heimat‹ zu denken. Den Feiertagspatriotismus hat er belächelt; und feierte mit Freunden doch auch seinen 1. August, den Nationalfeiertag – aber eben: *seinen*.

Deshalb konnte er auch mit Überzeugung sagen: »Ich bin gern Schweizer. Die Möglichkeit, in einem Staat zu leben, der, wenn etwas schiefgeht, nicht gerade unbedingt eine Weltkatastrophe auslöst, ist eine Chance. Die Schweiz macht den Menschen bis zu einem gewissen Grade frei, weil sie in seinem Kopf nicht zum unlösbaren Problem wird. Der Schweizer braucht nicht immer an die Schweiz zu denken. Ich beurteile einen Staat nach seinem Nutzen. Er ist für den Menschen da, nicht umgekehrt. Wieviel Freiheit läßt er uns? Die Zeit, die er uns nicht stiehlt, ist wichtig. Die Schweiz macht einem Zeit frei, schafft ein Arbeitsklima, man braucht sich in der Schweiz nicht immer zu ärgern. Natürlich muß gekämpft werden; auch unserem Staate ist auf die Finger zu schauen. Man kann die Schweiz von heute nicht heroisieren, aber man kann sie auch nicht verteufeln; das gilt nicht nur für die Vergangenheit, auch für ihre Gegenwart. Die Schweiz ist kein Experiment, das abgebrochen werden muß. Karl Kraus schrieb einmal: ›Ich verlange von einer Stadt, in der ich leben soll: Asphalt, Straßenspülung, Haustorschlüssel, Luftheizung, Warmwasserleitung. Gemütlich bin ich selbst.‹«[6]

So gemütlich wie 1966, als der Dramatiker auf dem Höhepunkt seines Ruhms stand, und so nüchtern wie damals hat Friedrich Dürrenmatt sein Verhältnis zur Schweiz nicht immer beschrieben. Seine ersten überlieferten Texte, in denen er sich zur Schweiz geäußert hat, stammen aus dem Jahr 1950, wie jener *Vom Ende der Schweiz*. Zur gleichen Zeit entstanden auch einige Gedichte, darunter zwei von drei

*Schweizerpsalmen*, in denen er einen weniger gleichmütigen Ton anschlug: emotionale Dokumente einer heftigen Zerrissenheit zwischen Zuneigung und Zorn, persönliche Auseinandersetzungen auch vor dem allgemeineren Hintergrund der Schweiz. Aber Dürrenmatt weiß, wohin er gehört: Nach einem Deutschlandaufenthalt 1950, dem ersten seit mehr als zwölf Jahren, schrieb er unter dem an Brecht erinnernden Titel *Wenn ich durch die Städte Deutschlands gehe*[7]:

Obgleich sie es sind, die in Wahrheit hinter
dem Mond leben,
die Primusse der Menschheit in jeder nur denk-
baren Lage

Einst Weltmeister im Dichten und Denken. Schinder
nicht aus Wildheit
sondern aus Anmaßung, stolz noch auf ihre
Leiden

Kehre ich erleichtert in mein Land zurück

Und den ganzen Plunder, mit dem ich hier um-
stellt bin
nehme ich wieder auf meine Schultern. Erhobenen
Hauptes
beginne ich wieder mit Windmühlen zu kämpfen.

Ein ewiger Don Quijote liebe ich mein Land
indem ich es züchtige
bejahe ich die Welt, indem ich sie verneine

Das ist, im autoritären Stil der Zeit, durchaus patriotisch und ohne Ironie gesagt. Und enthält in der Paradoxie »bejahe die Welt, indem ich sie verneine« eine Formel ideellen Weltverständnisses und schriftstellerischer Selbstverständigung, die sehr radikal und sehr protestantisch Welt und Wirklichkeit als Gegenüber ernst nimmt und die Arbeit an und in ihr sich zur Aufgabe macht. Der zur gleichen Zeit entstandene *Schweizerpsalm I*[8] spielt das Zerrissenheitsmotiv ebenfalls durch. Nun ist das kleine Land Schweiz, das da inmitten eines »unglückseligen Kontinents« liegt, »genagelt an sein faules Holz«, jener Don Quijote, als den sich Dürrenmatt eben noch selbst bezeichnet hatte:

O Schweiz! Don Quijote der Völker! Warum muß
ich dich lieben!

Wie oft, in der Verzweiflung, ballte ich bleich
die Faust gegen Dich
entstelltes Antlitz!
[...]

Nicht das liebe ich, was Du bist, nicht das,
was Du warst,
Aber Deine Möglichkeit liebe ich [...]

Denn mein Land bist Du nur, wenn Du ein Wunder
bist,
ein Mann, der nicht einsinkt, wenn er über das
Meer schreitet.
So dürste ich nach Deinem Glauben, mein Land.

Dieser erste *Schweizerpsalm*, der ursprünglich den Titel *An mein Vaterland* trug, ist äußerst pathetisch. Sein sprachlicher Gestus erinnert an Hölderlin; die religiöse Metaphorik und das Heilserflehen, in das der Psalm mündet, gehören in die Sprach- und Empfindungswelt des in den frühen vierziger Jahren um Selbst- und Weltverständnis ringenden gut Zwanzigjährigen, der sich von jenem protestantischen christlichen Glauben befreien wollte, den der Vater predigte. Bei diesem Glaubenskampf geriet der Pfarrerssohn von der Religion in die Philosophie. Zwischen 1942 und 1946 entstanden die meisten jener Prosastücke, in denen der Glaubenskampf seinen Niederschlag gefunden hat. Diese Prosa, so Dürrenmatt im Nachwort zum 1952 im Verlag der Arche erschienenen Sammelband *Die Stadt*, sei aber »nicht als ein Versuch zu werten, irgendwelche Geschichten zu erzählen, sondern als ein notwendiger Versuch, mit sich selbst etwas auszufechten«[9].

Sie teilt aber noch etwas anderes mit: So wie Dürrenmatt damals »dem Glauben ausgeliefert« war, »schutzlos und nackt« (so seine Formulierung im 1981 erschienenen ersten Band der *Stoffe*[10]), so empfand er sich und sein Land: in einem komfortablen Gefängnis – zugleich bedroht und verschont. Beides formte seine Weltempfindung, seine Wirklichkeitseinschätzung, seine ersten künstlerischen Äußerungen als Maler[11], schließlich als Schriftsteller. In den *Stoffen* spricht Dürrenmatt von dieser Ambivalenz: von der allgemeinen und besonderen existentiellen Erfahrung, die sein Schreiben initiierte:

»[...] der Krieg brach aus, rückte näher und schloß das Land ein, mit dem paradoxen Ergebnis, daß die Schweiz außerhalb der Katastrophe blieb; es war nicht auszumachen, ob sie ein Gefängnis war, eine belagerte Festung oder eine Produktionsstätte für Hitler; ob sie verschont wurde, weil sie mutig war oder feige oder beides zusammen, oder gar, ob sie einfach von der Weltgeschichte vergessen worden war, dispensiert, sitzengelassen, als Fossil behandelt [...] diese Groteske des Verschontseins – das unserem Lande in der Folge mehr Schaden zufügen sollte, als damals noch zu ahnen war, stellte mich endlich vor eine Aufgabe: Die Welt, die ich nicht zu erleben vermochte, wenigstens zu erdenken, der Welt Welten entgegenzusetzen, die Stoffe, die mich nicht fanden, zu erfinden [...] gezwungen, eine Welt der Sinnlosigkeit darzustellen, in der ein Sinn gesucht wird, den es nicht gibt, ohne den sie jedoch nicht ausgehalten werden kann; eine Welt wie damals meine Zeichnungen; eine Welt, überwuchert von Bildern, die immer neue Bilder erzeugen, durchsetzt von Gründen, die auf immer neue Gründe hinweisen, um ihre eigene Sinnlosigkeit zu verschweigen; so hatte ich mir damals aus meinem privaten Labyrinth ein Weltlabyrinth erschaffen.«[12]

Die Geschichte der Welt kollidierte mit Dürrenmatts Geschichte. Individuelle und allgemeine, in diesem Fall nationale, Existenzempfindungen überlagerten einander und mischten sich in Dürrenmatts früher Prosa. Und so können Texte, die in den vierziger Jahren entstanden sind: *Der Folterknecht*, *Der Alte*, *Die Falle* und *Aus den Papieren eines Wärters* mit ihrem düsteren Erzählklima und ihren labyrinthischen Szenarien heute durchaus auch wie eine frühe Illustration der späteren Erörterungen Dürrenmatts gelesen werden: Ihn habe der Zweite Weltkrieg auf sich selbst zurückgeworfen, »ins Gefängnis meiner selbst. In das Gefühl, aus der Welt gesperrt zu sein.«[13] Diese frühen Texte waren das literarische Resultat seiner existentiellen Kämpfe zwischen Glauben und Zweifel, zwischen der theologischen und der philosophischen Interpretation der Welt.

Auch die Erzählung *Die Stadt*, an der Dürrenmatt bis 1952 immer wieder gearbeitet hat, geht auf die vierziger Jahre zurück und ist die Auseinandersetzung des Philosophiestudenten mit Platons ›Höhlengleichnis‹. Die Erkenntniswege der Philosophie sollten den leidenschaftlichen, aber in expressionistischer Manier eher dilettierenden Maler Dürrenmatt endlich befreien von den übermächtigen Bildern, die der anerzogene Glaube ihm eingeprägt hatte, sollten ihm einen Raum erschließen, in dem er »wenigstens etwas atmen konnte«[14].

1946, mit dem Wiedertäuferstück *Es steht geschrieben*, das den Konflikt zwischen dem richtigen und dem falschen Glauben – und Leben – noch unhistorisch und eher surreal und metaphysisch abhandelt, ist diese Entwicklungsphase im wesentlichen abgeschlossen. Im Januar 1947 schreibt Dürrenmatt an Max Frisch: »Es sind seitdem viele Dinge mit mir geschehen, und mein Leben und mein Denken hat sich in vielem verändert, so dass ich mich nur noch mit Mühe in den Wiedertäufern zurechtfinden kann.«[15]

Als drei Jahre später der erste *Schweizerpsalm* entsteht, ist sein pathetischer Gestus nur noch Zitat, Rollenprosa einer überwundenen Existenz. In der Auseinandersetzung mit dem eigenen Land wird der Selbstverständigungsprozeß noch einmal nachgespielt. Die Schlußstrophe, in der die Schweiz als messianischer Wundertäter erscheint, säkularisiert die Heilserwartungen eines religiösen Glaubens, von dessen Ansprüchen sich Dürrenmatt inzwischen befreit hatte.

Schon der zweite *Schweizerpsalm*[16], ebenfalls von 1950, ist, wie der gleichzeitig entworfene Text *Vom Ende der Schweiz*, in einer sehr viel nüchterneren, dabei deftigen Sprache geschrieben. Statt religiöser Metaphorik realistische Bilder, die noch immer auf Dürrenmatts individuelle existentielle Lage verweisen. So folgt auf die Eingangsfrage: »Was zum Teufel soll ich mit diesem Land anfangen?« eine große Klage über die Kleinheit der Schweiz. Und das pamphletische Ich räsoniert über die schlechten Zeiten eines erfolglosen Schweizers:

> Oft, wenn ich zornig bin und ohne Hoffnung
> bin, sage ich:
> Dieses Land ist ein Scheißland.
>
> Es liegt vor mir sozusagen in den vier Rahmen
> meiner Fenster.
> Ein Teller mit fetter Speise aus einem
> Hause, das einst gute
> Zeiten sah, und heute noch bessere.
>
> Vorgesetzt einem Hund, gespendet von einer
> alten Dame,
> die – davon spricht sie immer – achthundertfünfzig
> Jahre ununterbrochen anständig
> gelebt hat. Sie sei barmherzig und tierliebend
> sagt die Nachbarschaft.

Dennoch mag ich aus diesem Teller nicht fressen.
Aber ich muß,
Auch ein Hund will leben. Die Zeit ist jetzt
schlimm.
Nur merken es noch wenige. –

In dieser Klage scheint neben dem Verdruß über ein sattes Land auch die persönliche Befindlichkeit des Künstlers Dürrenmatt auf. Denn dessen damalige Lage ist hinsichtlich ihres materiellen Ertrags nicht sehr erfreulich, aber literarisch schon seit einiger Zeit, bevor dieser Psalm entsteht, überaus produktiv. *Romulus der Große* war 1948/49 in einem Wurf gelungen und als drittes Stück 1949 uraufgeführt worden, nun, 1949/50 bis März 1952, arbeitet Dürrenmatt an der Ideologie-Komödie *Die Ehe des Herrn Mississippi*, zugleich schreibt er, um die Familie ernähren zu können, den Roman *Der Richter und sein Henker*, sein erfolgreichstes Buch.

Alle diese Texte handeln von Treue und Verrat, von Gerechtigkeit und Recht, von der Maßgabe individueller Entscheidungen gegenüber dem allgemeinen Anspruch, von der Möglichkeit eines richtigen Lebens im falschen. Damals entsteht der Grundriß des gesamten Dürrenmattschen Werks: in dessen Zentrum der Mensch, nicht *die Menschheit*, der tapfere Einzelne, der sich selbst treu ist, wenn es sein muß *gegen* die angebliche Wirklichkeit der Welt – Romulus, gefragt, ob *er* wahnsinnig sei oder die Welt, antwortet: »Ich habe mich für das letztere entschieden.«[17] Für Dürrenmatt, das wird damit formuliert, zählte der Mensch in seiner individuellen Unverwechselbarkeit, und das gilt für das literarische Werk ebenso wie für seine intellektuelle Auseinandersetzung mit seinem Land, seiner Gesellschaft.

Im Nachlaß Dürrenmatts fand sich ein kurzer Text, der mit *Protest!* überschrieben ist, auch er aus der Zeit um 1950. Er beginnt so: »Ich protestiere als Mensch! Mein Recht? Ich bin geboren. Ich protestiere als Europäer! Mein Recht? Ich will leben. Ich protestiere für die Deutschen! Mein Recht? Ich bin Schweizer. Ich klage die Großmächte an! Mein Recht? Ich hasse den Krieg. Ich klage die Mächtigen an! Mein Recht? Ich habe keine Kanonen. Ich klage die Politiker an! Mein Recht? Ich bin keiner.«[18]

Dürrenmatt wurde auch nie einer, er ließ sich nie auf die Spielregeln der Politik ein, die bloß das Allgemeine im Auge behält und sich den Einzelnen stets unterordnet. Dürrenmatt dachte umgekehrt, dachte vom Einzelnen her zum Allgemeinen, schloß vom Menschen auf die Gesellschaft. In dem zitierten *Protest*-Text steht ein Satz, der wie ein Manifest der Dürrenmattschen Weltauffassung – und seines Welt-Theaters – klingt: »Der Einzelne ist immer mehr als der Staat: Ein Iwan ist mehr als die ganze Sowjet-Republik, ein Joe mehr als das amerikanische Imperium, ein Hans mehr als die Schweiz. *Aber ein Mensch ist immer die ganze Menschheit, nicht mehr und nicht weniger.*« Und der Text endet mit der Forderung: »Was wir brauchen ist nicht eine Zukunft, wir brauchen eine Gegenwart. Wir dürfen nicht alles auf die ungeborenen Enkel schieben.«

Über zwanzig Jahre später schrieb Dürrenmatt den dritten *Schweizerpsalm*. Damals, 1971, stand er schon im Schatten seines hohen Ruhms. Er hatte seine Zeit genutzt, hatte das Theater der fünfziger und frühen sechziger Jahre mit seinen schwarzen Komödien ausgestattet, die den Menschen im Spannungsfeld von Treue und Verrat an die Grenzen ihrer schlimmstmöglichen Finales führten. Aber sein Theater war inzwischen verdrängt worden vom didaktischen Theater Brechts, das Schluß machen wollte mit der unvollkommenen menschlichen Welt, das dem Menschen seinen Platz zuwies in einer nach Gesetzen der Ökonomie funktionierenden Gesellschaft; die aber nie, weder als kommunistische noch als kapitalistische, so funktionierte, wie gewünscht, sondern immer gestört wurde von der menschlichen Natur: von Mächtigen wie Ohnmächtigen. Der auf Erkenntnis der gegenwärtigen Wirklichkeit zielende Dramatiker mußte dem auf Zukunft spielenden Ideologen weichen, der tapfere Protestant war abgelöst worden vom wendigen Katholiken.

Die späten sechziger Jahre wurden markiert von gesellschaftlichen Orientierungsdebatten und Umbrüchen in Europa. Auch Zürich wurde davon erreicht, auch dort rebellierten Studenten. Zu deren Rebellion hat sich Dürrenmatt 1968 in einem Text geäußert, der erst 1980 in der ersten *Werkausgabe* in 29 Bänden veröffentlicht wurde; darin schrieb er: »[...] eine Gesellschaft, die nur noch Waren und keine Werte mehr zu produzieren weiß, wirkt unglaubwürdig, appelliert sie an Werte. Das gilt heute für West und Ost. Die Ideologien sind hier wie dort zusammengebrochen, nicht nur durch das, was sie verkünden, vor allem durch die, die sie verkünden. Daß die gängigen Ideologien vor den neuen Gesellschaftsstrukturen versagen, ist evident, daß jene, die diese Ideologien immer noch zu verkünden wagen, sie nur noch als Ausreden benutzen, leuchtet ebenso ein.«[19]

Freilich spielte Dürrenmatt damals nicht das leichtfüßige Rebellenspiel vieler Intellektueller mit, die den jugendlichen Revolten eilig ihre grundstürzenden Theorien nachlieferten und revolutionäre Texte hinterherschrieben. Er war im Kern seines Wesens selber zu sehr Rebell und eingeschworener Zweifler, um behende mit dem Zeitgeistwind zu segeln. Aber auch für ihn brachten diese Jahre entscheidende Veränderungen.

Rückblickend erscheinen sie für Dürrenmatt als eine Zeit des Experimentierens auf unterschiedlichen Feldern. Ziemlich erfolglos hatte er sich in die Praxis eingemischt: war 1968 Kodirektor der Basler Theater geworden und hatte diese Arbeit ein Jahr später, nach einem Herzinfarkt, im Streit aufgegeben; 1969 wurde er für zwei Jahre Mitherausgeber der neuen Zürcher Wochenzeitung ›Sonntags Journal‹ – ohne wirksame Resonanz. Auf der Bühne experimentierte er mit Shakespeare-Bearbeitungen, inszenierte sehr eigenwillig Goethe, Lessing und Büchner, arrangierte Strindbergs *Totentanz* zum Dürrenmattschen *Play Strindberg* und versuchte mit *Porträt eines Planeten* neue offene Formen des Theaters zu entwickeln. Aber die gewohnten Erfolge blieben, außer bei *Play Strindberg*, aus. Als 1973 die Uraufführung seines neuen Stücks, *Der Mitmacher*, in Zürich bei Kritik und Publikum durchfiel, schien Dürrenmatt am Ende. Sein langer Abschied vom Theater hatte begonnen.

Doch zugleich begann auch etwas Neues. 1965, mit *Dokument*[20], hatte Dürrenmatt den Grundstein gesetzt für etwas, das seine beiden letzten Lebensjahrzehnte bestimmen sollte und mit dem er sich ab 1969, als er zur Kur in Vulpera war, um sich von seinem Herzinfarkt zu erholen, intensiv beschäftigte: das Projekt ›Geschichte meiner Schriftstellerei‹, die *Stoffe*.

Im selben Jahr, da diese große literarische Lebensbilanz richtig in Gang gesetzt wurde, zog Friedrich Dürrenmatt in der Dankesrede für den Großen Literaturpreis der Stadt Bern auch eine andere Bilanz und bestimmte seine politische und gesellschaftliche Position als Schweizer: »Als Komödienschreiber sitze ich auf dem einzigen Platz, der einem anständigen Schriftsteller zukommt: zwischen Stuhl und Bank. Wie ich gerne Schweizer bin, bin ich gerne Berner. Ich rede im Alltag berndeutsch, und manche meiner Kritiker behaupten, daß ich berndeutsch schreibe, auch wenn es wie hochdeutsch klinge. [...] Ich komme mir heute sowohl als Kulturpreisträger wie auch als Theatermann fragwürdig vor. Die Fragwürdigkeit liegt [...] in der Kultur selbst und in der Frage, ob ein heutiger Staat überhaupt noch etwas mit Kultur zu tun habe, ob der Staat nicht dazu da sei, nur technische und soziale Aufgaben zu bewältigen, ob die Kultur nicht außerhalb der Kompetenz des Staates liege und vom sozial betreuten Bürger privat zu betreuen sei.«[21]

Und noch während der offiziellen Preisverleihung gab er Preis und Preisgeld weiter: an den linken Journalisten Paul Ignaz Vogel, an den Verteidiger des Zivildienstes gegen den Wehrdienst Arthur Villard und an den Verteidiger der, so Dürrenmatt, »Vogelfreien unseres Rechtsstaates« Sergius Golowin, die von der offiziellen Kultur der Schweiz nie anders denn als störend wahrgenommen worden waren. Und der Schweiz schrieb er ins Stammbuch: »Die Schweiz hat zu begreifen, daß sie nicht mehr die Schweiz Wilhelm

Tells ist, sondern eine Schweiz der Mirage-, der Bührle- und der Florida-Affären, eine Schweiz, die noch nicht einmal das Frauenstimmrecht zu verwirklichen vermochte, eine Schweiz, die durch ihre Demokratie der Demokratie im Wege steht, weil auch die Demokratie, wie die Kultur, kein Besitz ist, sondern eine Aufgabe darstellt, die täglich in mühseliger Kleinarbeit erfüllt werden muß.«[22]

Zwei Jahre später, 1971, geriet ihm der dritte *Schweizerpsalm*[23] zu einer kritischen Abrechnung mit der Schweiz, die ihm als bloßes Pamphlet angekreidet wird:

> Einst dürstete ich nach deinem Glauben
> Mein Land
> Nun dürste ich nach deiner Gerechtigkeit
> Wahrlich
> Die Ärsche deiner Staatsanwälte und Richter
> Lasten so schwer auf ihr
> Daß ich das Wort Freiheit kaum mehr ertragen kann
> Das du ständig im Maule führst
> Deine Glaubhaftigkeit zu beweisen
> An die niemand mehr glaubt
> Nur noch deine Bankgeheimnisse sind glaubhaft.
>
> Was ist aus dir geworden, mein Land?

Dürrenmatt hatte diese 1971 poetisch formulierte Frage bereits siebzehn Jahre zuvor auf der Bühne beantwortet:

ERSTER Es stinkt in unserem Land, daß es nicht zum Aushalten ist.

ZWEITER Der Mist steht so hoch, daß man überhaupt nur noch Mist sieht.
DRITTER Letztes Jahr sah man noch die Hausdächer, nun sieht man auch die nimmer.
VIERTER Wir sind total vermistet.
ALLE Vermistet.
AUGIAS *mit der Glocke* Ruhe!
*Schweigen.*
FÜNFTER Wir sind aber vermistet.
SECHSTER Bis zum Hals. Und drüber.
SIEBENTER Verdreckt und verschissen.
ACHTER Versunken und verstunken.
ALLE Verstunken.[24]

Schon 1954 also hatte Dürrenmatt sein Hörspiel *Herkules und der Stall des Augias* auf seine schwerfälligen bewahrungsfreudigen Schweizer hingeschrieben, die ja einer bäuerlichen Gesellschaft entstammen und produktiven Umgang haben mit Mist, der in gezöpfelten Haufen ihre Höfe schmückt. Und 1963 hatte er es als helvetisches Festspiel auch auf die Bühne gebracht – es war eines seiner liebsten Stücke:

SIEBENTER Wir müssen Maßnahmen ergreifen.
ACHTER Welche?
NEUNTER Weiß nicht.
ZEHNTER Dann verstinken wir eben.
ALLE Verstinken.
AUGIAS *mit der Glocke* Ruhe!
*Schweigen.*
ERSTER Gegen das Schicksal kann man nichts machen.

ALLE Nichts.

[…]

AUGIAS *mit der Glocke* Männer von Elis!

DRITTER Hört unseren Präsidenten Augias.

DIE ANDERN Hören wir ihm zu.

[…]

AUGIAS Ich habe eine Idee.

*Schweigen.*

ALLE Eine Idee?

AUGIAS Ganz plötzlich.

*Schweigen.*

DRITTER Bin ich aber erschrocken.

*Schweigen.*

ALLE Rede.

*Schweigen.*

AUGIAS Männer von Elis. Ich denke, natürlich muß man ausmisten. Es ist wohl keiner unter uns, der nicht gegen den Mist ist, ja, unter den Griechen ist es der Elier, der am meisten gegen den Mist ist.

ALLE Richtig.

AUGIAS Doch ist es ein Unterschied, ob wir nur ein wenig oder ob wir radikal ausmisten. Wenn wir nur ein wenig ausmisten, steht der Mist übers Jahr wieder so hoch wie er jetzt steht, ja noch höher, bei der Menge, die wir produzieren. Wir müssen daher radikal ausmisten.

ALLE Radikal.

FÜNFTER Einfach ran an den Mist!

ALLE Ran an den Mist!

AUGIAS Ran an den Mist. Ein großes Wort. Wir sind eine Demokratie und stehen vor einer Gesamterneuerung des

Staates. Die Aufgabe ist so gewaltig, daß ein Oberausmister gewählt werden muß, soll radikal ausgemistet werden. Dabei kommt jedoch die Freiheit in Gefahr. Der Mist ist dann fort, aber wir haben einen Oberausmister, und ob wir den dann auch fortbringen, kann man nicht wissen. Die Geschichte lehrt, daß gerade die Oberausmister bleiben. Doch droht uns ein noch größeres Übel. Wenn wir jetzt ausmisten, haben wir keine Zeit, unsere Kühe zu besorgen, die Käse- und Butterherstellung, der Export wird zurückgehen, und der Verlust kommt uns teurer zu stehen als die ganze Ausmisterei.

NEUNTER UND ZEHNTER Teurer.

DIE ANDERN Die Ausmisterei sollen die Reichen bezahlen.

SECHSTER Die produzieren den größten Mist!

NEUNTER UND ZEHNTER Wir zahlen genug Steuern!

DIE ANDERN Ausmisten! Einfach ausmisten!

AUGIAS Elier! Ich komme jetzt zu meiner Idee. Beim letzten Fürstentag in Arkadien hörte ich von einem Herkules, den man den Säuberer Griechenlands nennt. Den brauchen wir. Säubern und Ausmisten ist das eine wie das andere. Ich will dem guten Mann mal schreiben. Wir bieten ihm ein anständiges Honorar, zahlen ihm die Spesen, und während wir unser Vieh besorgen, kann er sich an die Arbeit machen. So kommt uns das Ausmisten am billigsten.[25]

Nicht um preiswerte Polemik ging es Dürrenmatt in seinem Gleichnis, obgleich seine Landsleute diesen Text nicht besonders liebten. Sondern es ging ihm um den produktiven Umgang mit dem Mist in den Köpfen seiner Schweizer: den

Mist zu verwandeln, aus vermistetem Land fruchtbares Land zu machen – vor allem aber auch: sich zu verändern. Daran scheitert selbst ein Held wie Herkules – nicht einmal er vermag »der Welt seinen Willen aufzuzwingen«; aber vielleicht scheitert gerade er: denn die Welt kann nicht im Großen gerettet werden, nicht im Allgemeinen, sondern, so die Lehre des Gleichnisses, durch den Einzelnen. Und so hat Augias, als König der beispielhafte Einzelne, insgeheim und gegen seine ursprüngliche radikale Empfehlung, in seinem Garten selbst verwirklicht, was im gesamten Reich Elis mit seinen zahllosen Kommissionen und Unterkommissionen nicht gelungen ist: Er hat Mist in Humus umgewandelt, auf dem nun Blumen und Früchte wachsen.

Natürlich zeichnet dieses märchenhafte Gleichnis auch ein groteskes Bild von Schweizer Politik und Bürokratie, deren komplexe Struktur und meist lautloses Funktionieren sie zuweilen wie eine mafiose Vereinigung erscheinen läßt. Wesentlich aber geht es Dürrenmatt um eine politische Vernunft jenseits der Dialektik der Aufklärung: die den Menschen nicht aus den Augen verliert, indem sie immer nur auf *die Gesellschaft* starrt. Dürrenmatt läßt Augias im Schlußmonolog des Hörspiels zu seinem Sohn Phyleus sagen:

»Ich bin Politiker, mein Sohn, kein Held, und die Politik schafft keine Wunder. Sie ist so schwach wie die Menschen selbst, nicht stärker, ein Bild nur ihrer Zerbrechlichkeit. Sie schafft nie das Gute, wenn wir selbst nicht das Gute tun. Und so tat ich denn das Gute. Ich verwandelte den Mist in Humus. Es ist eine schwere Zeit, in der man nur so wenig für die Welt zu tun vermag, aber dieses Wenige sollen wir wenigstens tun: das Eigene.«[26]

Wenigstens das Eigene tun – im Überschaubaren –, wenigstens dies wagen. Dürrenmatt konzipiert den Politiker als positive Figur, die, im Gegensatz zu Herkules, das Machbare versucht und, hier wie im Märchen, damit erfolgreich ist: Elis als die Schweiz, der Garten als Symbol der natürlichen evolutionären, nicht revolutionären, Entwicklung – das positive Modell als Rahmen, in welchem sich gut spielen läßt: hier ein Spiel mit einem utopischen, nämlich bestmöglichen Ende.

In beiden Fassungen bleibt die Option des positiven Vorbildes gewahrt. Dürrenmatt schrieb ja nicht, um sich abzusetzen, sondern um sich gleichsam poetisch beratend einzumischen, weil er den Kleinmut der im großen vaterländischen Mythos versunkenen, erstarrten Schweizer Gesellschaft erkannte. Er wollte diese Erstarrung humorvoll aufbrechen, weil er in der Schweiz viele Chancen und besondere Gestaltungsmöglichkeiten sah. Und so meinte Dürrenmatt ein paar Jahre später in einem Gespräch über die aktuelle Situation der Schweiz, das Spielfeld sei ja nicht schlecht abgesteckt, man müsse das Spiel nur wagen: »Ich glaube, die Schweiz sollte einfach keine Angst haben. Sie könnte frecher sein. Sie sollte ein sehr freches Land sein, die Auseinandersetzungen [...] nicht fürchten.«[27]

Oft genug hat Friedrich Dürrenmatt von der Schweiz als Wagnis und als Chance gesprochen, die gerade in ihrer föderalen Konzeption als Kleinstaat, ja als ein Verbund von Kleinstaaten begründet liege, weil für den Schweizer der Kanton als Ort seines Herkommens, als überschaubarer Ort von Heimat noch wichtiger ist als der föderale Verbund Schweiz: »Die Schweiz ist nicht ein Kleinstaat, sondern ein

Bund von Kleinstaaten. Es gibt ja auch nicht Schweizer, das heißt, es gibt nicht eine schweizerische Nation, sondern es gibt Deutschschweizer, Welschschweizer, Tessiner, Reste von Rätoromanen, etwas künstlich gepflegt, es gibt jüdische Schweizer, es gibt sogar einige mohammedanische Schweizer. Alle diese Schweizer sind aus sehr verschiedenen Gründen Schweizer geworden. Die Schweiz ist etwas, das historisch aus ganz bestimmten Gründen entstanden ist. Man könnte vielleicht etwas zusammengezogen sagen, Grenzbevölkerungen haben sich, um sich vor der Zentralisation durch eine entfernte Hauptstadt zu retten, zu einer Nation zusammengefunden. Die Schweiz ist ein Staatenbund und vor allem ein Kunststaat. Und wenn man das einmal begriffen hat, muß man sagen, ist die Schweiz etwas sehr Modernes und könnte etwas sehr Modernes sein. Wenn Sie zum Beispiel die heutige Europafrage nehmen: Europa kann ja nicht zu einer Nation gemacht werden, es müßte also irgendwie zu einer Art Schweiz gemacht werden.«[28]

Das ist ein alter Dürrenmattscher Gedanke, der sich pragmatisch auf das Zusammenwachsen und Zusammenleben der unterschiedlichen Sprach- und Volksgruppen in der Schweiz bezieht. Dabei hat der Realist Dürrenmatt nie auf die multikulturelle Durchdringung der verschiedenen Ethnien gesetzt, weil ihm die illusionär erschien. Gerade die Tatsache, daß die Gruppen, insbesondere die französisch-, italienisch- und deutschsprechenden Schweizer, eher nebeneinander als miteinander lebten, sei die Voraussetzung dafür, daß sie als unterschiedliche Kulturen einander nicht ins Gehege kämen – ein Modell für Europa, das seine übergeordneten Interessen sammle und politisch nach außen vertrete, während die unterschiedlichen nationalen und ethnischen Gruppen tolerant nebeneinander lebten: »Das ist ja gerade das Tolle, daß Kulturen zusammenleben können, ohne daß es Reibungen gibt. [...] Die Schweiz ist interessant als Kunstgebilde, als ein Zusammenleben von Menschen, von denen ein jeder ein ganz anderes Heimatgefühl hat, eine andere Sprache. Ein Welschschweizer denkt an den Genfersee oder an den Neuenburgersee oder ans Waadtland, er hat ein anderes Heimatgefühl als der Ostschweizer. Es gibt verschiedene Heimaten. Die Schweiz ist ein Mutterland und nicht ein Vaterland.«[29] Weil in ihr verschiedene Muttersprachen gesprochen werden, nicht nur unterschiedliche Dialekte. Muttersprachen trennen schärfer als Dialekte. Weshalb in Staaten wie der Schweiz – und damit ist die gesamte Schweiz gemeint, nicht bloß ihr deutschsprachiger Teil – Vaterlandsmystik nur schwer zu mobilisieren und zu funktionalisieren sei (wogegen allerdings in der deutschsprachigen Schweiz die Schwarzenbach-Initiative und die Agitation Blochers anzuführen wären): »[...] die Gefahr der Großstaaten besteht in der Umfunktionierung des Staates in ein Vaterland, das gefährlich wird. Man stirbt ja nicht für einen Staat, man stirbt für ein Vaterland; man geht für das Vaterland in den Krieg; es ist ehrenvoll, fürs Vaterland zu sterben. Aber was ist ein Staat? Es ist eine Institution, die funktionieren muß. Ich gehe ungern in den Krieg, um das Funktionieren der Schweizerischen Bundesbahnen zu verteidigen, wenn Sie so wollen. Die Gefahr des Emotionellen bei einem Großstaat – und der Mensch ist ja ein emotionelles und hauptsächlich ein irrationales Wesen – ist viel größer. Der Kleinstaat hat die große Fähigkeit, den Menschen zu entschärfen. [...] Ein Kleinstaat hat die Bestie Mensch besser im Griff.«[30]

Das ist eine ironisch gebrochene sozialdarwinistische Formel, die Dürrenmatt gerne benutzte. Er ergänzte sie häufig mit einer anderen Formel: »Ich bin auch darum ein leidenschaftlicher Kleinstaatler, weil gerade die Kleinstaaten eine ungeheure Fähigkeit haben zu überleben.«[31] Weil sie, wie Dürrenmatt an anderer Stelle meinte, »dem Erneuern instinktiv das Bewahren« vorzögen. – Friedrich Dürrenmatts so abstrakt wirkende Analyse kennzeichnet da nur einen Aspekt eines komplizierteren Verhältnisses, sein leidenschaftliches Lob des Kleinstaates beruht auf einer hier noch unausgesprochenen, aber entscheidenden Voraussetzung, die Dürrenmatt immer mitgedacht hat, weil sie von der Realität Schweiz nicht wegzudenken ist: das ist ihre Neutralität.

Dürrenmatt hat im Gespräch mit Alfred A. Häsler Neutralität einmal definiert als »die politische Haltung eines Kleinstaates, der seine Freiheit bewahren will«, er müsse deshalb möglichst ungefährlich erscheinen und möglichst nützlich. Neutralität, so Dürrenmatt dort, sei eine List, sie gehöre »zur Kunst des Kleinstaates, durch die Welt zu kommen«.[32] Aber sie dürfe nicht moralisierend oder ideologisch eingesetzt werden, sondern politisch kühl und berechnend – so gestatte sie der Schweiz, je nach dem Fall, ein politisches Mitspielen oder ein Passen.

Daß die Schweiz ihre Neutralität aufs Unterschiedlichste ausgeformt und dabei wohl auch deformiert hat, kommt mit der Zeit ans Licht. Daß sie jüdische Flüchtlinge aus Neutralitätsgründen an ihren Grenzen zurückwies und in den Tod zurückschickte, wußte man. Daß sie, als Verwalterin der

Vermögen der Welt, auch Nazigold hütete, hat man geahnt; daß sie jüdische Vermögen kassierte, wurde erst vor kurzem bekannt. Auch militärisch hat die Schweiz ihre Neutralität heimlich aufgegeben und für den Ernstfall Allianzen vorbereitet: Bereits 1937 schloß der 1939 von der Bundesversammlung zum General gewählte Schweizer Korpskommandant Henri Guisan mit der französischen Generalität einen streng geheimen Beistandspakt für den Fall eines deutschen Angriffs. Aber als die Franzosen dann 1940 von den Deutschen überrollt wurden, hatte derselbe General Guisan bereits den Entwurf des sogenannten Réduit National parat: ein zur Sicherung des Alpenmassivs zu errichtendes, und dann auch tatsächlich errichtetes, Befestigungssystem, das der Schweiz nach Verlust des bevölkerungs- und industriereichen Alpenvorlandes bei einem deutschen Angriff die Fortführung des Widerstandes ermöglichen sollte.

Manche Fakten sind erst nach Friedrich Dürrenmatts Tod 1990 bekannt geworden. Sie hätten ihn wohl nicht besonders verwundert. Aber auch ungeachtet dessen akzeptieren heute noch immer viele Schweizer die Position, die Dürrenmatt bereits um 1970 zur Vergangenheit der Schweiz im Zweiten Weltkrieg bezogen hat – eine Position, die begreifen will, ohne zu moralisieren: »Die Schweiz hatte politisch nur eine Aufgabe zu lösen, die alle anderen politischen Aufgaben nebensächlich machte [...]: Den Krieg vermittels ihrer Politik zu vermeiden, und sie vermied ihn mittels ihrer Politik. Eine andere Frage ist natürlich, wie sie ihn vermied. Unsere Politik war so, wie wir selber waren [...]. Die Politik ist nicht besser als die Menschen, die sie betreiben [...]. So zogen wir uns denn schweizerisch aus einer unmenschlichen Lage:

Nicht unklug, mit hohem moralischem Anspruch und mit moralisch oft bedenklicher Praxis. Neutralität ist eine politische Taktik, keine Moral. Neutralität ist die Kunst, sich möglichst nützlich und möglichst ungefährlich zu halten. Wir waren auch Hitler gegenüber möglichst nützlich und möglichst ungefährlich. So sparte er uns für die Siegesfeier auf, und wir wurden nicht gefressen, damit hatten wir spekuliert. Unser Land war eingekreist. Wir waren uneiniger, als wir jetzt sind. Als bürgerliche, gegen den Marxismus konzipierte Ideologie stieß der Nationalsozialismus bei uns auf weniger Widerstand als heute der Kommunismus, doch waren im Bürgertum die demokratischen Kräfte stark, und es gab noch eine echte Sozialdemokratie. Unsere Fehler und unsere Tugenden, unsere Feigheit und unser Mut, unsere Unterlassungen und unsere humanen Gesten, unsere Dummheit und unsere Klugheit, unser Nachgeben und unser Widerstand dienten unbewußt und bewußt nur dem Ziel, davonzukommen. Und so kamen wir denn davon. Wir lavierten uns zwischen den Beinen des Dinosauriers hindurch ins Freie. Auch mit Glück, gewiß.«[33]

Zehn Jahre nach diesem Text, den Dürrenmatt unter dem Titel *Dramaturgie der Schweiz* 1972 nur als Fragment veröffentlicht hat, nannte er, im Zusammenhang mit Debatten um die Beteiligung der Schweiz an der UNO und in Europa, die Schweizer Neutralität bloß noch ein zynisches Mittel der Politik, zumal die Schweiz auch nicht die Konsequenzen aus dieser Politik und in weiterem Sinne aus den Erfahrungen des Krieges gezogen habe, sondern auf falsch verstandenen egoistischen Positionen beharre: vor allem auf einer illusionären, also falsch eingeschätzten Eigenständigkeit.

Dürrenmatt nahm immer wieder Anstoß an der zur schweizerischen Ideologie verfestigten, lange nach dem Zweiten Weltkrieg immer noch propagierten sogenannten »geistigen Landesverteidigung«. Mit diesem Schlagwort aus den dreißiger Jahren wurde eine nationale Haltung bezeichnet, mit der sich die Schweiz gegen das nationalsozialistische Deutschland und seine faschistische Propaganda zu behaupten suchte, die aber, indem sie zur Ideologie wurde, auch zu einer nationalen Verengung, vor allem aus Deutschschweizer Perspektive, führte. Was schon damals der französischsprachige Schweizer Schriftsteller Charles Ferdinand Ramuz kritisierte: Die nationale Einheit der Schweiz sei »ein Konstrukt, das auf emotionalen und auf Denkdefiziten gründet, ein Ideologiekonstrukt. Nur patriotischer Eifer kann die sprachliche, künstliche Natur dieser Einheit leugnen und sie statt dessen fraglos als erwünschte oder erbetene Realität inszenieren.«[34] Daß diese Kritik an der »geistigen Landesverteidigung« Ramuz zu einem »Außenseiter mit alarmierendem Hang zum Landesverrat«[35] machte, zeigt, wie sehr diese Form der Selbstbehauptung gegen den Nationalsozialismus sich zur aggressiven Ideologie ausformte. In moderaterer, aber gleichwohl mystifizierter Version hat sie den Krieg lange überdauert und sich mit jener angemaßten Heldenrolle verbunden, mit der die Schweizer Armee aus dem Krieg herauskam, ohne je einen Schuß zur Verteidigung in Richtung Deutschland abgegeben zu haben. Denn die Deutschen hatten die Schweiz ja nicht aus militärischen Gründen verschont, sondern weil sie sie wirtschaftlich brauchten – und die Schweiz sich brauchen ließ.

Dürrenmatt hat das zum Mythos aufgeblähte falsche Bewußtsein der offiziellen Schweiz immer kritisiert, wonach das Land den Zweiten Weltkrieg ohne die Schweizer Armee nicht überlebt habe und deshalb auch nach dem Krieg eine Armee samt allgemeiner Dienstpflicht (fast ohne Ausnahmen etwa durch einen Zivildienst) brauche – auch dies eine Spielart aus dem ideologischen Rucksack der »geistigen Landesverteidigung«: »Was ich der Armee vorwerfe, ist ihre Nibelungenstrategie, wonach der Untergang der Schweizer Armee quasi der Untergang der Schweiz ist. Das ist natürlich Blödsinn. Wir haben eine andere, eine weniger luxuriöse Armee auszubilden, aber eine Armee, die eben im Widerstand steht. Wir haben einen Mythos der Armee.«[36] So immerhin noch 1979.

Schon 1961 hatte er, bei einem Autorenabend mit deutschen Schriftstellern im Zürcher Schauspielhaus, die Schweizer als »vorsintflutliche Wesen« charakterisiert mit ihrem Hang zum Heldenmythos: Der Schweizer »leitet sich geschichtlich von Helden ab, seine Vorstellungswelt ist geschichtlich durchaus eine martialische, heldische; daß er im wesentlichen das Produkt zweier Niederlagen ist, der von Marignano und der gegen Napoleon, verdrängt er und feiert die Siege der Ur-Urahnen; sein Unglück ist nur, daß sich dieser Drang zum Heldentum nie ernstlich bewähren konnte, die Weltgeschichte verschonte ihn glücklicherweise immer.«[37] Und so sind die siegreichen Schlachten von Sempach (1386) und Murten (1476) fester Bestandteil aller Reden zum schweizerischen Nationalfeiertag, dem 1. August, nie aber die napoleonische Besetzung der Schweiz von 1798 bis 1803. Aber auch aus anderen Gründen sollten die Schweizer nicht so stolz sein auf ihre Vergangenheit, denn, so Dürrenmatt,

»das ganze Mittelalter hindurch waren wir so etwas wie die SS-Truppe in Europa. Was haben wir denn gemacht in Frankreich? Wir, die Schweizer, haben hauptsächlich Hugenotten verfolgt. Wir waren Söldner, der Krieg war unser Exportartikel. Natürlich waren die großen Völker nicht besser als wir. Der Schweizer ist wie alle anderen Menschen auch. Der Mensch ist nun einfach ein Raubaffe und ein aggressives Wesen, ich richte nicht, ich sehe den Schweizer nicht besser, aber auch nicht schlechter, und vor allem nicht dümmer, und ich habe überhaupt kein Minderwertigkeitsgefühl, Schweizer zu sein. Ich bin ein Mensch, und welche Marke, das ist mir vollständig egal.«[38]

Friedrich Dürrenmatt: *Meine Schweiz* heißt dieser Band. Denn Friedrich Dürrenmatt ist ohne *seine* Schweiz, seine wichtigsten Theaterstücke und Romane sind ohne die Landschaft der Schweiz und ohne ihre Menschen nicht zu denken: der Kommissär Bärlach ermittelt in der Schweiz, das Güllen, in dem die Alte Dame Rache übt, ist von einer Schweizer Kleinstadt her gedacht, und das Durcheinandertal ist ein durch und durch schweizerisches Genist. Und doch focussiert diese Provinz die Welt, spiegelt sich in ihren Figuren die menschliche Natur und scheinen in ihren Problemen bei aller schweizerischen Besonderheit immer auch die Probleme auf, die von anderen Menschen, Gesellschaften, Staaten dieser Welt geschaffen wurden und gelöst werden müssen. In aller Welt nämlich leben jene Menschen, auf die es Dürrenmatt ankam, von deren Verstrickungen ins labyrinthische Leben er geschrieben, über deren Recht und

Gerechtigkeit er nachgedacht hat, indem er über seinen eigenen Glauben und seine Zweifel an Recht und Gerechtigkeit in dieser Welt nachdachte und schrieb: gegen ideologische Blindheit und Raserei, von Anfang an.

Friedrich Dürrenmatt liebte seine Schweiz, zu der doch eigentlich gehört, daß man ihre Enge verläßt und hinauszieht in die Welt – Dürrenmatt blieb und lebte in diesem Land, entwarf dort seine Roman- und Theaterwelten. Für dieses Welt-Theater, dessen Erfolge auch die Schweiz illuminierten, hat ihn die offizielle Schweiz geehrt; wegen seiner kritischen Kommentare, die Schweizer Geschichte, Verfassung, Mentalität und Politik durchleuchteten, hat sie für ihn, wie für viele Schweizer Schriftsteller, als bedenklichen Intellektuellen eine geheimpolizeiliche Akte (»Fiche«) angelegt. Auch das passiert wohl in allen Staaten so oder so ähnlich, auch in jenen noch, von denen man es am wenigsten vermutet.

Drei Wochen vor seinem Tod, in einer letzten großen Rede zu Ehren von Václav Havel, den seine Ehrlichkeit und seine Zivilcourage zum Dissidenten und Gefangenen in seinem Lande machten, hat Friedrich Dürrenmatt noch einmal öffentlich über die Schweiz nachgedacht, in ähnlichen Bildern wie in seiner frühen Prosa: Er hat sein Land mit einem Gefängnis verglichen, in dem jeder Gefangene seine Freiheit beweise, indem er sein eigener Wärter sei. Es war eine bittere Rede, die aber dann doch bei aller Ironie versöhnlich endete – mit einem Zitat aus Platons *Der Staat (Politeia)*, von dessen Studium er einst ausgegangen war, zurückkehrend in sein Land, in das er hineingeboren wurde und für das er, wäre er Odysseus gewesen, sich entschieden hätte:

»Was sind wir Schweizer für Menschen? Vom Schicksal verschont zu werden ist weder Schande noch Ruhm, aber es ist ein Menetekel. Platon erzählt gegen Ende seiner *Politeia*, daß nach dem Tode die Seele eines jeden das Los zu einem neuen Leben wählen müsse: ›Zufällig aber habe die Seele des Odysseus das allerletzte Los erhalten und sei nun herangetreten, um zu wählen. Da sie aber in Erinnerung an ihre früheren Mühsale allen Ehrgeiz aufgegeben hatte, sei sie lange Zeit herumgegangen und habe das Leben eines zurückgezogenen, geruhsamen Mannes gesucht und gerade noch irgendwo eines gefunden, das die anderen unbeachtet hatten liegen lassen. Und als sie dies entdeckt hatte, habe sie gesagt, sie würde ebenso gehandelt haben, wenn sie das erste Los bekommen hätte, und habe es mit Freude gewählt.‹ Ich bin sicher, Odysseus wählte das Los, ein Schweizer zu sein.«[39]

1 In diesem Band S. 53–57.
2 Vgl. FD: *Turmbau. Stoffe IV–IX.* Werkausgabe in siebenunddreißig Bänden. Zürich: Diogenes 1998 [= FDWA]. Bd. 29. S. 75.
3 FD im Gespräch mit Heinz Eckert, 1990. In: Friedrich Dürrenmatt: *Gespräche 1961–1990.* Herausgegeben von Heinz Ludwig Arnold in Zusammenarbeit mit Anna von Planta und Jan Strümpel. Vier Bände. Zürich 1996 [= FDG]. Bd. 4. S. 100.
4 Vgl. in diesem Band S. 237–241.
5 1966 in einem unveröffentlichten Gespräch mit Paul Ignaz Vogel, dem Herausgeber der Zeitschrift ›neutralität‹.
6 FD im Gespräch mit Alfred A. Häsler, 1966: FDG. Bd. 1. S. 264. In diesem Band S. 113–137.
7 FD: *Das Mögliche ist ungeheuer. Ausgewählte Gedichte.* Zürich: Diogenes 1993. S. 13 f.
8 Ebd. S. 15 f. Auch in FDWA. Bd. 34. S. 177 f. In diesem Band S. 51 f.
9 FD: *Die Stadt. Frühe Prosa.* Zürich: Verlag der Arche 1952. S. 197 f. und in FDWA. Bd. 19. S. 197.
10 FD: *Labyrinth. Stoffe I–III.* Zürich: Diogenes 1990. S. 28 und in FDWA. Bd. 28. S. 29.

11 Vgl. FD: *Die Mansarde*. Diogenes 1995. S. 12f. Darin ein Abdruck aus einem im Zusammenhang mit den *Stoffen* entstandenen Text über seine frühe Malerei: »Bemalten die Höhlenbewohner ihre Wände, um die Gefahren zu bannen, die sie umgaben, bepinselte ich die meinen, um sie herbeizubeschwören. [...] So entwarf ich denn auf der abgeschrägten Wand über meinem Bett eine wilde Kreuzigung, an der großen Wand entstanden skurrile Figuren, so ein Nietzsche im Nachthemd, die Linke zum Hitlergruß ausgestreckt, dazu skurrile Figuren, ein armloser griechischer Held, aus seinem offenen Hemd starren Hitler, Churchill, Mussolini, Stalin, ein Gräberfeld mit drei Geistlichen mit Heiligenschein, das trojanische Pferd, Spießbürger, Professoren, an der Kaminmauer bot Salome den Kopf Johannes des Täufers dar, von der Decke starrte das Antlitz der Medusa herunter – [...].«

12 FD: *Labyrinth. Stoffe I–III*. FDWA. Bd. 28. S. 64, 67, 68f.

13 FD: *Turmbau. Stoffe IV–IX* (Anm. 2). S. 75.

14 FD: *Die Stadt* (Anm. 9). S. 197.

15 Max Frisch – Friedrich Dürrenmatt: *Briefwechsel*. Mit einem Essay des Herausgebers Peter Rüedi. Zürich 1998. S. 97.

16 FD: *Das Mögliche ist ungeheuer* (Anm. 7). S. 17–20. Auch in FDWA. Bd. 34. S. 179-182, in diesem Band S. 109–112.

17 FD: *Romulus der Große*. FDWA. Bd. 2. S. 77.

18 Unveröffentlicht. Das Original liegt im Schweizerischen Literaturarchiv in Bern.

19 FD: *Politik. Essays und Reden*. FDWA. Bd. 34. S. 44.

20 FD: *Labyrinth. Stoffe I–III*. FDWA. Bd. 28. S. 215.

21 FD: *Politik* (Anm. 19). S. 47f.

22 Ebd. S. 56.

23 FD: *Das Mögliche ist ungeheuer* (Anm. 7). S. 21–23. Auch in FDWA. Bd. 34 (Politik). S. 183–185, in diesem Band S. 179–181.

24 FD: *Herkules und der Stall des Augias*. FDWA. Bd. 8. S. 29, in diesem Band S. 81f.

25 Ebd. S. 31–34, in diesem Band S. 83–86.

26 Ebd. S. 225, in diesem Band S. 104 (Theaterfassung).

27 FDG. Bd. 1. S. 263f.

28 Gespräch mit Alfred Defago, 1979: FDG. Bd. 2. S. 278f., in diesem Band S. 198–205.

29 FDG. Bd. 2. S. 280.

30 FDG. Bd. 2. S. 281.

31 FDG. Bd. 2. S. 283.

32 FDG. Bd. 1. S. 261.

33 FD: *Zur Dramaturgie der Schweiz*. In: Politik (Anm. 19). S. 62f., in diesem Band S. 138–155.

34 So Julian Schütt: *Germanistik und Politik. Schweizer Literaturwissen-*

*schaft in der Zeit des Nationalsozialismus*. Zürich: Chronos Verlag. 2. Auflage 1997. S. 115 f.

35 Ebd. S. 116.

36 FDG. Bd. 2. S. 283.

37 FD: *Autorenabend im Schauspielhaus Zürich*. FDWA. Bd. 32 (Literatur und Kunst). S. 116 f.

38 FDG. Bd. 2. S. 284.

39 FD: *Kants Hoffnung*. FDWA. Bd. 36. S. 187 f. In diesem Band S. 220–233.

# Prolog

# *Spaß an der Schweiz*

Haben wir noch Spaß an unserem Staat? Bei einer Frage ist es wichtig, wem sie gestellt wird. Es ist ein Unterschied, ob wir die Frage nach dem Spaß an unserem Staate Politikern stellen, die unseren Staat regieren, Beamten, die ihn verwalten, oder gar uns, die wir von diesen Politikern regiert und von diesen Beamten verwaltet werden.

Ein Politiker, der zugäbe, regieren mache ihm Spaß, liefe Gefahr, nicht ernst genommen zu werden, erwarten wir doch von einem Politiker, den wir ernst nehmen, daß ihm seine Tätigkeit nicht Spaß, sondern Mühe mache, daß er sein Metier gleichsam gegen seinen Willen ausübe, nicht aus Vergnügen an der Macht, sondern aus treuer Pflichterfüllung dem Staate gegenüber, wir wollen ihn schwitzen sehen wie einen Pianisten im Konzertsaal, sogar ein Schläfchen im Nationalratssessel macht böses Blut; und würde gar ein Steuerinspektor erklären, es mache ihm Spaß, Steuerschwindeleien aufzudecken, so empfänden wir diesen Mann als einen Sadisten, ein Steuerinspektor hat seiner Aufgabe nicht fröhlich, sondern verzweifelt nachzugehen, einerseits diktiert von der notwendigen Härte des Staates, anderseits bewegt von der verständlichen Widerspenstigkeit der Staatsbürger. Die Nervenzusammenbrüche unserer Politiker und Beamten sind uns lieber als ihre Freudentänze. Wir haben das Gefühl, brechen sie zusammen, sie seien uns, triumphieren sie jedoch, wir seien ihnen nicht gewachsen gewesen. So geben sich denn Politiker und Beamte feierlich und neigen dazu, aus dem Staate ein Heiligtum zu machen. Spaß an einem Heiligtum? Nein, das geht nicht. Da geht nur noch geistige Landesverteidigung.

Doch auch uns, die wir verwaltet und regiert werden, geht es nicht besser. Der Staat ist für uns ein notwendiges Übel geworden. Gewiß, es gibt schlimmere Staaten als der unsrige, wir nehmen es immer wieder dankbar zur Kenntnis, aber neben diesem Gefühl der Erleichterung, es doch noch besser getroffen zu haben als viele andere, auch noch am Staate Spaß zu haben, scheint uns übertrieben.

Dabei sollten wir Spaß an unserem Staate haben können, denn gerade wir, die wir von ihm regiert und verwaltet sind, behaupten ja, daß wir [es] selbst sind, die uns regieren und verwalten. Demokratie heißt Volksherrschaft, und von einem Volk, das sich selbst regiert und verwaltet, darf man eigentlich erwarten, daß es daran Spaß habe.

Gibt uns die Demokratie die Möglichkeit, am Staate Spaß zu haben, deutet mangelnder Spaß in der Demokratie offenbar darauf hin, daß es mit dieser Demokratie nicht mehr stimmt. Offenbar reden wir uns ein – oder es wird uns eingeredet –, wir seien eine Demokratie, ohne daß wir eine sind; oder aber wir glauben entweder nicht so recht an unsere Demokratie, auch wenn wir eine sind, oder wir trauen uns nicht, wirklich eine Demokratie zu sein, auch wenn wir eine sein könnten. Wenn wir uns jedoch nicht trauen, eine Demokratie zu sein, oder wenn wir nicht mehr glauben, eine zu sein, können wir auch nicht Spaß an ihr haben.

Dabei liegt es auch sonst nicht ohne weiteres auf der Hand, worin denn der Spaß beim Selbstregieren des Volkes überhaupt liegen könnte. Jedes Regieren muß zwei Forderungen erfüllen, will es ein Regieren sein. Es muß das Bestehende bewahren und das Bewahrte erneuern. Ohne Bewahren und Erneuern gibt es keinen funktionierenden Staat. Verwalten allein genügt nicht. Verwaltet kann nur das Bewahrte werden, zum Erneuern braucht es die eigentliche Regierungskunst.

In ihr könnte auch der Spaß liegen. Erneuern kann man aus Freude am Neuen, oder gezwungenerweise, wenn es nicht mehr anders geht. Im Zwang zum Neuen, dem man endlich nachgibt, liegt die Gefahr für das Alte, das man erneuern muß: Man gibt in der Politik allzugern dem notwendigen Neuen erst nach, wenn es für eine Erneuerung des Alten zu spät ist. Eine Politik, die zu spät kommt, kommt bloß rechtzeitig zu ihrer Beerdigung. Unsere Freiheit läge darin, freiwillig das notwendige Neue zu tun, bevor wir es gezwungenerweise tun müssen. Doch wird freiwillig nur etwas getan, wenn die Einsicht in dessen Notwendigkeit vorhanden ist, aber die Einsicht allein genügt nicht, es braucht auch Spaß dazu, etwas freiwillig zu wollen. Spaß an der Demokratie ist Spaß am Neuen, oder, ohne Spaß am Neuen gibt es keine Demokratie.

Zugegeben, ein Kleinstaat zieht dem Erneuern instinktiv das Bewahren vor. Auch die Schweiz, umso mehr, als sie seit Napoleon ungeschoren davonkam; was sich lange Zeit bewährte, glaubt sich für alle Zeit bewährt. Doch ist die Schweiz nur bedingt ein Kleinstaat, ihre politische Organisation übertrifft in ihrer Kompliziertheit manchen größeren Staat. Ihr politischer Rahmen ist derart stabil geworden, daß wir uns in ihm paradoxerweise den Spaß leisten könnten, manche Verhältnisse von Grund auf zu ändern.

Spaß am Frauenstimmrecht, Spaß an einem neuen Kanton Jura, Spaß daran, daß die Studenten ihre Universität wollen und nicht die der Professoren, Spaß... Meine Worte scheinen unrealistisch. Ich weiß es nicht. Ich glaube nämlich, daß ein Staat zum Existieren keinen besonderen moralischen Grund braucht – als ob die Schweiz ein Gebäude wäre, das seine Berechtigung nur aus der eingebauten Nachtapotheke des Roten Kreuzes zöge – ein Staat ist geschichtlich begründet, es gibt ihn, weil es ihn noch gibt und sein Zweck besteht darin, das Zusammenleben seiner Bürger zu erleichtern, aber diesseits seiner Begründung und seiner Zweckmäßigkeit sollte er doch eine Chance abgeben, in ihm sinnvoll zu leben, wozu der Spaß gehört, ihn nach Bedarf umzubauen und umzumöblieren. Der Staat ist eine Erfindung des Menschen. Wir werden diese Erfindung erst dann richtig zu benutzen wissen, wenn wir auch Spaß an ihr haben, haben wir nur Ehrfurcht vor ihm, sind wir nicht frei, sind wir nur noch seine Untertanen. Spaß am Staate, ein erster Schritt zur notwendigen Überwindung des Staates.

# I

## *Schweizerpsalm I*

Da liegst Du nun, ein Land, lächerlich, mit
zwei, drei Schritten zu durchmessen,
mitten in diesem unglückseligen Kontinent,

genagelt an sein faules Holz, beleckt von der
Flamme seiner Taten.

Die Erde, die Dich trägt, versteint, Hügel auf
Hügel getürmt,
zu einer Landschaft des Monds,
sich an der Ewigkeit brechend, deren Küste
du bist.

O Schweiz! Don Quijote der Völker! Warum muß
ich dich lieben!

Wie oft, in der Verzweiflung, ballte ich bleich
die Faust gegen Dich
entstelltes Antlitz!

Wie ein Maulwurf hütest Du deine Schätze. Es
vermodert, was Du liebst,
und nur, was Du gering achtest, bleibt.

Ich liebe Dich anders, als Du geliebt sein
willst.
Ich bewundere Dich nicht. Ich lasse nicht ab
von Dir,
ein Wolf, der sich in Dich verbiß.

Deine Sattheit mit Füßen stampfend, höhne ich
Dich, wo Du schlecht bist. Deine Ahnen
lassen mich kalt, ich gähne, wenn ich von ihnen höre.

Nicht das liebe ich, was Du bist, nicht das,
was Du warst,
Aber Deine Möglichkeit liebe ich, die Gnade,
die immer hell über dir schwebt,
Das Abenteuer, heute Dir anzugehören, die
Kühnheit,
jetzt, gerade jetzt, keine Furcht zu haben,
den heiligen Wahnsinn, Dich zu bejahen!

Denn mein Land bist Du nur, wenn Du ein Wunder
bist,
ein Mann, der nicht einsinkt, wenn er über das
Meer schreitet.
So dürste ich nach Deinem Glauben, mein Land.

## *Unternehmen ›Schweiz‹*

Gegründet wurde das Unternehmen, welches sich bald unser Staat, bald unser Vaterland nennt, vor etwas mehr als zwanzig Generationen, grob gerechnet. Ort: Zuerst spielte sich alles der Hauptsache nach im Kalk, Granit und in der Molasse ab, später kam Tertiäres hinzu. Klima: leidlich. Zeit: Zuerst mittelmäßig, die habsburgische Hausmacht braute sich zusammen, viel Faustrecht, es galt sich durchzuprügeln, und man prügelte sich durch, knackte Ritter, Klöster und Burgen wie Panzerschränke, gewaltige Plünderungen, Beute, Gefangene wurden keine gemacht, vor den Schlachten Gebet und nach dem Gemetzel Orgien, enorme Saufereien, der Krieg rentierte, dann aber leider die Erfindung des Pulvers, die Großmachtpolitik stieß auf steigenden Widerstand, dem Dreschen mit Hellebarde und Morgenstern wurden Grenzen gesetzt, die Nahkämpfer wurden aus der Ferne zusammengetätscht, nach kaum acht Generationen schon der berühmte Rückzug, von da noch weitere sieben Generationen relative Wildheit, teils mordete man sich nun untereinander, unterjochte Bauern (mit der Freiheit nahm man es nie so genau) und schlug sich um die Religion, teils betrieb man Söldnerei im großen Stil, gab sein Blut für den Meistbietenden, beschützte die Fürsten vor den Bürgern, ganz Europa vor der Freiheit. Dann endlich gewitterte die Französische Revolution herauf, in Paris wurde die verhaßte Garde zusammengeschossen, tapfer stand sie auf verlorenem Posten, im Dienste eines verrotteten Systems von Gottes Gnaden, während einer ihrer aristokratischen Offiziere in einer Dachkammer und in Sicherheit dichtete: ›Bunt sind schon die Wälder, gelb die Stoppelfelder, und der Herbst beginnt.‹ Wenig später räumte Napoleon mit dem ganzen Plunder von gnädigen Herren und Untertanenländern endgültig auf: dem Land taten die Niederlagen gut. Ansätze zur Demokratie zeigten sich und neue Ideen: Pestalozzi, arm, schäbig und glühend, zog im Lande herum, von einem Unglück ins andere. Eine radikale Wende zu Geschäft und Gewerbe setzte ein, drapiert mit den entsprechenden Idealen. Die Industrie begann sich breitzumachen, Eisenbahnen wurden gebaut. Zwar war der Boden arm an Schätzen, Kohle und Erze mußten eingeführt und verarbeitet werden, aber emsiger Fleiß überall, steigender Reichtum, doch ohne Verschwendung, leider auch ohne Glanz. Sparsamkeit installierte sich als höchste Tugend, Banken wurden gegründet, zuerst zaghaft, Schulden galten als unehrenhaft, stellten einst die Landsknechte einen Ausfuhrartikel dar, jetzt die Bankrotteure: wer bei uns pleite ging, hatte jenseits der Ozeane eine Chance. Alles mußte rentieren und rentierte: sogar die unermeßlichen Steinhaufen und Geröllhalden, die Gletscherzungen und Steilhänge, denn seit die Natur entdeckt worden war und sich jeder Trottel in der Bergeinsamkeit erhaben fühlen durfte, wurde auch die Fremdenindustrie möglich: die Ideale des Landes waren immer praktisch. Im übrigen lebte man entschlossen so, daß es jedem möglichen Feind nützlicher war, einen in Ruhe zu lassen, eine an sich unmoralische, doch gesunde Lebenshaltung, die von keiner Größe, aber von beträchtlichem politischen Verstand zeugte. Man mauserte sich denn auch durch zwei Weltkriege, manövrierte zwischen Bestien, kam immer wieder davon. Unsere Generation erschien.

Gegenwart (1957 n. Chr.): Große Teile der Bevölkerung leben beinahe sorglos dahin, gesichert und versichert. Kirche, Bildung und Spitäler stehen zu gemäßigten Preisen zur Verfügung, die Kremierung erfolgt im Notfall kostenlos. Das Leben gleitet auf festen Gleisen, aber die Vergangenheit rüttelt am Bau, erschüttert die Fundamente. Wer viel hat, fürchtet, viel zu verlieren. Man sinkt nach bestandener Gefahr vom Pferd wie der Reiter nach seinem Ritt über den Bodensee: man ist zu zaghaft, die eigene Klugheit als notwendig zu begreifen, man hält es nicht mehr aus, zwar kein Held, aber vernünftig gewesen zu sein, man reiht sich in die Reihen der Sieger ein, die Sage der kriegerischen Väter kommt hoch, von den Mythen her droht Kurzschlußgefahr, man träumt von den alturalten Schlachten, dichtet sich selbst zu Widerstandskämpfern um, und schon sind die Generalstäbler dabei, eine Nibelungenwelt zu beschwören, von Atomwaffen zu träumen, vom heldenhaften Vernichtungskampf im Falle eines Angriffs, das Ende der Armee soll auch der Nation das Ende bereiten, gründlich, stur und endgültig, während ringsherum schon längst unterjochte Völker mit Mut und List davonzukommen wissen. Doch bahnt sich das mögliche Ende noch anders an, witziger. Ausländer kaufen den Boden auf, den man verteidigen will, die Wirtschaft wird von fremden Händen in Schwung gehalten und von den eigenen nur noch verwaltet, kaum noch gesteuert, der Staatsbürger bildet eine Oberschicht, unter der sich, in oft zu unverschämten Preisen vermieteten Wohnungen zusammengepfercht, sparsam und emsig Italiener, Griechen, Spanier, Portugiesen und Türken einnisten, zum Teil verachtet, oft noch Analphabeten, Heloten, ja für viele ihrer Herren Untermenschen, die einmal, zum bewußten Proletarier geworden, überlegen in ihrer genügsamen Vitalität ihre Rechte fordern könnten, in der Erkenntnis, daß der Betrieb, der sich unser Staat nennt, halb schon aufgekauft von fremdem Kapital, nur noch von ihnen abhängt. Unser kleines Land, so ahnt man und reibt sich verblüfft die Augen, ist in Wirklichkeit von der Geschichte abgetreten, als es ins große Geschäft eintrat.

Die Reaktion der Öffentlichkeit: Vor diesem Hintergrund hob sich der Mord des Dr. h. c. ab. Seine Wirkung war zu berechnen: da wir die Politik entpolitisiert haben – hier weisen wir in die Zukunft, nur hier sind wir modern, wirklich bahnbrecherisch, die Welt wird entweder untergehen oder verschweizern –, da von der Politik nichts mehr zu erwarten ist, keine Wunder, kein neues Leben, nur nach und nach vielleicht noch etwas bessere Straßen, da sich das Land selbst biologisch erfreulich benimmt und sich im Kinderzeugen zurückhält (daß wir nicht zahlreich sind, ist unser großer, daß sich unsere Rasse dank der Fremdarbeiter langsam verbessert, unser größter Vorzug), herrscht Dankbarkeit über jede Unterbrechung des täglichen Trotts, ist jede Abwechslung willkommen, um so mehr als der jährliche Festzug der Zünfte in seiner steifen Würde bei weitem nicht die fehlende Fastnacht zu ersetzen vermag. Die Handlungsweise des Dr. h. c. Isaak Kohler wirkte daher befreiend, man hatte inoffiziell über etwas zu lachen, worüber man sich offiziell entrüstete, und schon am Abend seines Hinschieds ging das Wort um, das man einem hohen Stadtbeamten, wenn nicht gar dem Stadtpräsidenten zuschrieb, Kohler habe sich einen neuen Dr. h.c. verdient, indem er Professor Winters nächste Erst-August-Rede verhindert habe. Auch ließ das unglückliche Vorgehen der Polizei kaum zusätzliche sittliche Empörung zu, die Schadenfreude war einfach zu groß: Das Verhältnis der Bevölkerung zur Polizei ist gespannt, entspricht doch unsere Stadt schon lange nicht mehr ihrem Ruf. Unvermutet eine Großstadt geworden, will sie das Trauliche, Bürgerfleißige, Tugendliche bewahren, das sie sich immer zuschrieb und zuschreibt, will sie persönlich auch im Unpersönlichen bleiben, der Tradition verhaftet, auch wenn diese längst zum Teufel ging: Die Zeit ist mächtiger geworden als die Stadt mit all ihrem beflissenen Tun, sie macht mit ihr, was sie will. Und so sind wir denn weder die, die wir einmal waren, noch die, die wir nun sein müßten, leben im Kriege mit der Gegenwart, wollen nicht, was wir dennoch müssen, tun aus Trotz nie ganz, was nötig ist, sondern nur halb, bestenfalls, und auch das widerwillig. Der Ausdruck dieser Misere ist das Anwachsen der polizeilichen Funktionen: denn wer im Krieg mit der Gegenwart lebt, reglementiert. Unser Gemeinwesen ist weitgehend ein Polizeistaat geworden, der in alles hineinredet, in die Sittlichkeit und in den Verkehr (beide in chaotischem Zustand). Der Polizist stellt daher nicht so sehr ein Symbol des Schutzes dar als eines der Schikane. Schluß.

## *Mein verschontes Gefängnis Schweiz*

Während ich noch in den Windeln lag, herumrutschte, mich aufrichtete, die ersten Schritte machte, im Garten herumspielte, zum ersten Mal ausriß, in die Ebene hinein, die mir unendlich erschien; den ersten Schultag ertrug, dann endlos weitere Schultage, immer heftiger fortgerissen durch die Zeit, endlich aufgesogen durch die Stadt, während so die Jugend unachtsam meine Tage vergeudete, wälzte sich die Russische Revolution dahin, blutig, stur, unaufhaltsam, irrational durch ihren Glauben ans Rationale, religiös durch ihren Atheismus; begann die Agonie des Britischen Imperiums; bildete sich Frankreich ein, es sei immer noch eine Weltmacht, baute die Maginot-Linie, spann kunstvolle diplomatische Netze, Deutschland endgültig niederzuhalten; marschierte Mussolini nach Rom, das Kinn hoch erhoben; wurde die Ruhr besetzt; starb Lenin, kam Stalin hoch, wurde Trotzki verbannt – die große Säuberung begann, räumte mit den alten Revolutionären auf; ließen die deutsche Inflation und der amerikanische Schwarze Freitag Millionen alles verlieren und einige wenige daran Milliarden gewinnen; ging die Weimarer Republik zugrunde, spülte dieser Untergang Hitler und ein übles völkisches Geschmeiß an die Macht; brach Mao zu seinem langen Marsch nach Yenan auf; griff Japan mit seinem kleinen bebrillten Kaiser auf dem großen Schimmel China an; tauchten bald da, bald dort abgedankte Generäle und sonstige Tagediebe als größere und kleinere Diktatoren auf. Überall politisch Verfolgte, überall Emigranten, überall Ermordete. Abessinien, der Spanische Bürgerkrieg, die Besetzung Österreichs, München – im Berner Münster fand eine Feier statt, Gott für die Erhaltung des Friedens zu danken, Gott hatte andere Pläne oder war anderswo beschäftigt; die Annektierung der Tschechoslowakei, im Rundfunk Hitler-Reden, das Bündnis Großdeutschlands mit der Sowjetunion: und während all dieses hektischen Treibens, gleichzeitig, nacheinander und durcheinander, ein Wirrwarr von Plänen und Gegenplänen, von Taten und Gegentaten, überall Wirtschaftskrisen, überall Arbeitslosigkeit – selbst in der unmittelbaren Nähe des Christlichen Gymnasiums machte sich die Zeit bemerkbar: Schlangen von Männern, die stempeln gingen; schließlich der Ausbruch des Zweiten Weltkriegs – wahrscheinlich mit Extraausgaben der Zeitungen, mit Sondermeldungen im Rundfunk, mit einer Ansprache eines Bundesrats – der Tag ist mir nicht mehr in Erinnerung. Er bedeutete keinen Einschnitt in mein Leben. Wie Professor Lidenbrock auf seinem Floß über brodelnde Lava, trieb die Schweiz ins Ungewisse, ob ihrem sicheren Untergang oder ihrer kaum möglichen Rettung entgegen, war nicht auszumachen. Ich wurde mitgetrieben, aber durchaus nicht auf der Höhe der Zeit, ohne Panik, ohne Gefühl für ein Schicksal, das da, Einlaß begehrend, ans große Bühnentor des Welttheaters donnerte, die Wende des Jahrhunderts zu inszenieren. Ich war mit mir beschäftigt, nicht mit der Wirklichkeit, die mit mächtigen Pranken zuschlug. Ein achtzehnjähriger Blinder saß auf Lidenbrocks Floß, während es mir Sechzigjährigem bisweilen vorkommt – vom Fernsehen und von unseren immer perfekteren Kommunikationssystemen verführt –, als hätte ich den Vietnam-Krieg erlebt, ja auf dem Mond Experimente durchgeführt. So leicht bilden wir uns heute ein, im Bilde zu sein.

Vier der fünf Jahre, die ich als Student verstreichen ließ, fielen in den Zweiten Weltkrieg. Im Sommer 1942 rückte ich in die Rekrutenschule ein, während viertausend Kilometer östlich auf dem gleichen Kontinent die Schlacht von Stalingrad begann, angekündigt von einer Siegesmeldung des Großdeutschen Rundfunks, die Stadt sei erobert. Noch hielten es die meisten für wahrscheinlich, ja sicher, daß Hitler auch die Sowjetunion besiege. Besonders in Offizierskreisen war die Bewunderung für die Deutsche Wehrmacht verbreitet, und nicht nur für diese, ein Oberst etwa erklärte mir, sein höchster ästhetischer Genuß seien Goebbels' Reden. Beim Einrücken in die Kaserne hatten wir einen Aufsatz über unsere Eindrücke zu schreiben. Meiner muß die Beurteiler beunruhigt haben, unser Leutnant, der Sohn eines Divisionärs, kam zu mir, unsicher, meinte, bevor ich etwas Dummes tue, solle ich mich ihm anvertrauen. Ich war ein linkischer Rekrut, unfähig, an der Kletterstange mehr als zwei Meter hoch zu kommen, selbst das »Helmabnehmen« machte mir Mühe, so daß ich zur Strafe nur mit Turnhose und Helm bekleidet Sport treiben mußte; der Befehl machte den Leutnant verlegener als mich. Die Ausbildung war blödsinnig, Drill, Gebrüll und eine endlose Schuhputzerei vor dem Hauptverlesen, die Schuhe schienen der schweizerischen Armee das Wichtigste, als dächte sie unterschwellig ans Davonlaufen, während sie oberschwellig den Widerstand übte. Bevor ich jedoch in einen Primaten zurückverwandelt werden konnte, begannen sich meine Augen zu wehren, sie waren ohnehin stets entzündet, und wenn ich Kimme und Korn zusammenbrachte, sah ich das Ziel nicht, und sah ich das Ziel, brachte ich Kimme und Korn nicht zusammen, wahrscheinlich war es der Heuschnupfen, der sich bemerkbar machte. Um meine Kurzsichtigkeit zu demonstrieren, kam mir der Einfall, im Kasernenhof Briefträger statt Offiziere zu grüßen, worauf mich eine ärztliche Untersuchungskommission in den Hilfsdienst versetzte, meiner Augen wegen, wie sie behaupteten. In Wirklichkeit war die Armee wohl froh, mich loszuwerden, im Hilfsdienst konnte ich ihr moralisch weniger schaden. Als ich mich in der Kaserne abmeldete, mußte der Kommandant aus der Offizierskantine geholt werden, er kam schwankend, eine patriotische Kirschfahne wehte mir entgegen. Er setzte sich hinter seinen Schreibtisch. Ich war schon in Zivil, er fragte verwundert, ob ich denn kein »Tätel« sei. Ich gab ihm mein Dienstbüchlein. Er brüllte, wenn Hitler dann komme, sei es meine Schuld. Er begriff nicht, was er mit mir anstellen sollte, auch schien er mich mit jemandem zu verwechseln, er nannte mich einen »Sozi«. Dann bemerkte er endlich mein Dienstbüchlein in seiner Hand, blätterte darin herum, der Schweiß lief ihm über das Gesicht. Endlich hatte ich seine Unterschrift, er starrte vor sich hin, in den Sessel zurückgesunken, murmelte noch etwas vor sich hin, sagte dann, ich sei ein »Stürmi«, und gähnte, ein alter Mann ohne jede Chance zum Heldentum, wie das Land, das er vertrat. Ich nahm das Dienstbüchlein von seinem Schreibtisch, er nahm mich nicht mehr wahr, auch die Korridore waren leer. Ich ging durch das Kasernentor, ein heißer Sommermittag, ich trottete die paar Straßen von der Kaserne nach Hause zurück: die unrühmliche Rückkehr eines unrühmlichen Soldaten einer Armee, die das Schicksal davor bewahrte, Ruhm zu ernten: um so unrühmlicher, wenn sie ihn nachträglich ernten will.

Die Lage war trist, der Verschonte realisiert sein Verschontsein nicht. Das Land war von der übrigen Welt abgekapselt. Vorher war ich nur zweimal im Ausland gewesen: 1937 hatte ich mit dem Fahrrad eine Reise nach München, Regensburg, Nürnberg, Weimar gemacht. In Goethes Sterbezimmer Hitler-Jugend. Einer meinte, auf den an einer Kordel befestigten Griff deutend, der über dem Bettkissen hing: Mit dem da hätten die Freimaurer Goethe erschlagen, als er nie sterben wollte. Der anwesende Museumsdiener mit einem seltsamen Eierkopf schluchzte auf. Dann fuhren wir über Eisenach nach Frankfurt am Main. Die Stadt, die ich damals sah, ist für alle Zeiten untergegangen, und was rekonstruiert wurde, der Römer, das Goethe-Haus usw., wirkt heute wie eine Parodie seiner selbst. 1938 verbrachte ich die Sommerferien in einer trostlosen Vorstadt von Straßburg, bei einer Pfarrersfamilie; jenseits der Rheinbrücke standen SS-Leute mit Totenschädeln auf ihren schwarzen Mützen. Eine Fahrradtour in die Vogesen und eine nach Sesenheim, ein vermistetes Nest, dann die Heimkehr nach Bern – an Colmar radelte ich vorüber, ich hatte vom Isenheimer Altar noch nichts gehört. Erst zwölf Jahre später sollte ich wieder ins Ausland gelangen, denn der Krieg brach aus, rückte näher und schloß das Land ein, mit dem paradoxen Ergebnis, daß die Schweiz außerhalb der Katastrophe blieb; es war nicht auszumachen, ob sie ein Gefängnis war, eine belagerte Festung oder eine Produktionsstätte für Hitler; ob sie verschont wurde, weil sie mutig war oder feige oder beides zusammen, oder gar, ob sie einfach von der Weltgeschichte vergessen worden war, dispensiert, sitzengelassen, als Fossil behandelt – auch das kommt ja vor. Der Krieg spielte sich für die Stadt wie hinter fernen Kulissen ab. Sie war während des Kriegs verdunkelt, Gasmasken wurden an die Bevölkerung verteilt, Luftschutzwarte aufgestellt. Oft hörte man amerikanische und englische Bomber, die irgendwo über der Stadt nach Oberitalien einflogen, die Sirenen heulten auf, die Lichtstrahlen der Scheinwerfer durchschnitten die Nacht, die Flugzeugabwehrgeschütze blitzten und dröhnten, alles aufgezogene Theatralik, militärische Neutralitätsgestik, seltsam gefahrlos, idyllisch geradezu, nur das erste Mal stieg man aus den Betten, ging in den Keller. Wer hier, angesichts dessen, was anderswo geschah, zu heroisieren versucht, macht sich lächerlich, doch gab es meiner Einbildungskraft den ersten Antrieb, diese Welt, die Stadt und den nahen und doch unwirklichen Krieg zu einem Bild zu formen, dieses Morden ringsherum, hinter den Hügeln des Jura, hinter den Alpen, jenseits des Rheins und noch weiter, in der Libyschen Wüste, im Fernen Osten, in den Steppen Rußlands, dieses sinnlose Gemetzel, das sich wieder zu entfernen schien und dann doch näher kam, als Deutschland einzustürzen begann, doppelt sinnlos in seinem männischen Heroismus, in seiner teutonischen Götterdämmerung.

Ich versuchte, von meinem Standort aus ein Gleichnis zu konzipieren. *Der Winterkrieg in Tibet* ist nicht mein erster Stoff, er setzt sich vielmehr aus verschiedenen Stoffen zusammen, deren Extrakt er ist, gleichsam mein erstes Grundmotiv, ein erster Versuch, mich in die Wirklichkeit, von der ich und mein Land ausgeschlossen waren, durch eine erfundene Unwirklichkeit zu integrieren, eine Gesamtdarstellung zu wagen, indem ich nach einem Weltgleichnis suchte. Der Stoff beschäftigte mich zuerst in La Plaine bei Genf, mitten im letzten Kriegswinter. Ich war einer Oberländer Kompanie zugeteilt, hatte im Büro Berichte zu schreiben, Urlaubsscheine auszustellen. Der Hauptmann und der Oberleutnant waren beide Lehrer und ertrugen meine unmilitärische Haltung ergeben. Der Winter war bitterkalt. Das Kompaniebüro war in einem Raum eines schäbigen Gasthofs eingerichtet, eine Art Veranda mit einem Eisenofen, den ich frühmorgens heizen mußte, der aber den Raum kaum zu erwärmen vermochte. Alles fror, draußen und drinnen. Die Stimmung war mies. Die Soldaten wollten heim, und weil der Feldwebel regierte, ein handfester Wirt aus dem Simmental, konnte heim, wer heim wollte, die Offiziere wagten nicht sich einzumischen, als Kaste für sich waren sie verhaßt. An eine Gefahr dachte niemand mehr. Das Gerücht ging um, Soldaten der Waffen-SS, die sich der schweizerischen Armee ergeben wollten, seien erst in Genf auf der Montblanc-Brücke von der Polizei entwaffnet und verhaftet worden. In den langen Nächten saß man in den Dorfpinten herum; mit dem Bummelzug Genf zu erreichen dauerte zu lange und war sinnlos. In dieser Kälte setzten sich oft Berner Bauern zu uns, die dort ihre Höfe hatten und, im Gegensatz zu ihren Söhnen, noch Berndeutsch sprachen. Als ich meinen vierundzwanzigsten Geburtstag feierte, luden mich einige Soldaten zu einem Fondue ein, wir kamen in einer Pinte zusammen, und ohne Erfahrung mit diesem Käsegericht tranken wir Unmengen von Weißwein dazu, nachher lud uns einer der Berner Bauern ein, auf seinen Hof zu gehen, es gab dort »Luzerner Kaffee«: Kaffee mit sehr viel Schnaps. Dann forderte uns einer der Bauern, die mitgekommen waren, auf, noch seinen Hof zu besuchen, dort gab es Rotwein, worauf ein dritter Bauer darauf bestand, daß wir nun zu ihm gehen müßten, auch sein Hof sei ein gastlicher Hof. Wir wollten ihn nicht beleidigen und wankten zum dritten Berner Bauern. Zur Ernüchterung gab es Spiegeleier mit Kirschen in Schnaps, es war mir, als passe alles nicht zusammen. Der Rückmarsch von den gastlichen Berner Bauern dauerte über eine Stunde, wir wußten nicht genau, wo wir waren, die Kälte war unmenschlich, aber machte uns scheinbar stocknüchtern, so durchfroren waren wir. Ich hatte mein Zimmer bei einer alten Witwe. Ich schlief sofort ein, doch dann brach es aus mir: das Fondue, die Spiegeleier, der Luzerner Kaffee, die eingelegten Kirschen, es schleuderte sich hinaus mit Riesengewalt, bekleisterte die Decke, das ganze Zimmer gleichsam tapezierend, das die alte Witwe nachher neu tapezieren lassen mußte. Gleichzeitig aber brach noch etwas anderes aus mir heraus: eine ungewöhnliche Heiterkeit; zwar war mir übel wie noch nie, doch die Lächerlichkeit meiner Kotzerei angesichts des ungeheuren Sich-Übergebens, das die Menschheit außerhalb dieses Landes befallen hatte, diese Groteske des Verschontseins – das unserem Lande in der Folge mehr Schaden zufügen sollte, als damals noch zu ahnen war – stellte mich endlich vor eine Aufgabe: Die Welt, die ich nicht zu erleben vermochte, wenigstens zu erdenken, der Welt Welten entgegenzusetzen, die Stoffe, die mich nicht fanden, zu erfinden. Und so erfand ich denn zwischen den Schreibereien auf den langen Streifzügen der Grenze entlang meinen ersten Stoff, der nicht mich, sondern die »Welt« zum Inhalt hatte, will doch jeder Stoff zum »Weltstoff« werden. Auf der Rhone schwamm Eis, auf den Weinbergen und Ebenen lag Schnee, alles war der Bise ausgeliefert, diesem unbarmherzigen Nordwind. Der Stoff drängte sich mir nach und nach auf, zuerst als Vision, die ich nie fallenließ, die ich im Gegenteil während meiner Spaziergänge entlang einer toten Grenze immer mehr ausbaute, während mein Atem in weißen Dampfwolken von mir strömte. Ich ging und ging, eine Technik des Geschichten-Aushecken, die mir geblieben ist, als ein gedankliches Weiterspinnen und Sich-in-den-Stoff-Hineinleben, als ein Sich-Versenken in eine innerlich vorgestellte und sich entwickelnde Geschichte, die sich vor die Außenwelt schiebt – und auch damals schob –, eine Geschichte, deren verschlungene Details ich nach so vielen Jahren freilich vergessen habe, um so mehr, als ich noch unfähig war, sie niederzuschreiben, meine Versuche mißlangen immer wieder und wurden abgebrochen. Nur noch der Stoff ist mir geblieben, einige Zeilen, zuerst nicht viel mehr als ein Titel, nicht viel mehr als ein vor langem geträumter, aber einmal intensiver und beängstigender Traum, jenen Träumen ähnlich, die ich mir als Kind im Dorf zurechtlegte, wenn ich im Gästezimmer im unteren Estrich zu schlafen hatte. Es befand sich über dem Schlafzimmer meiner Eltern. Eine Türe führte auf einen kleinen morschen Holzbalkon, den ich nur zögernd zu betreten wagte. Ich lag dann im Bett, vor mir das unbestimmte Viereck der Balkontüre. Mit der Rechten hielt ich ein Pfadfindermesser umklammert und stellte mir vor, ich sei in einer Höhle versteckt und draußen schleiche etwas umher, ein reißendes Tier oder ein mörderischer Mensch, und nur in meiner Höhle sei ich sicher, schon den Fuß aus dem Bett zu strecken, sei lebensgefährlich. Im Zimmer und im Estrich nebenan knackte es, ich war überzeugt, jemand sei im Zimmer, und die Vorstellung glitt in den Traum hinüber, der die Vorstellung fortsetzte. So war es auch bei den Gängen in den Weinbergen und den Wäldern von La Plaine, entlang der toten schieferblauen Rhone, und in meinem eiskalten Verschlag in der Pinte, wo ich schlief, aus dem Haus der alten Witwe hinausgeworfen. *Der Winterkrieg in Tibet* ist ein Stoff ohne Handlung, eigentlich ein endloser Alptraum, den ich zwei Jahre später in den Erzählungen *Die Stadt* und *Die Falle* weiterträumte, ohne mich von ihm befreien zu können. 1951 versuchte ich, den *Winterkrieg* doch noch zu schreiben, das Unternehmen blieb ein Fragment; es fehlte mir, eingeklammert zwischen immer neuen Fassungen der *Ehe des Herrn Mississippi*, die Einsicht, daß ich all das Fragmentarische nicht fortsetzen konnte, sondern fallenlassen mußte, wollte ich es bewältigen. Und so bin ich denn aufs neue in diesen unheimlichen Kampf verwickelt; wie damals gezwungen, eine Welt der Sinnlosigkeit darzustellen, in der ein Sinn gesucht wird, den es nicht gibt, ohne den sie jedoch nicht ausgehalten werden kann; eine Welt wie damals meine Zeichnungen; eine Welt, überwuchert von Bildern, die immer neue Bilder erzeugen, durchsetzt von

Gründen, die auf immer neue Gründe hinweisen, um ihre eigene Sinnlosigkeit zu verschweigen; so hatte ich mir damals aus meinem privaten Labyrinth ein Weltlabyrinth erschaffen. Dieses Weltlabyrinth ist geblieben, es hat nicht nur den Zweiten Weltkrieg überlebt, es ist noch labyrinthischer geworden, und so, wie es als Urmotiv blieb und mir, der ich ihm etwas entgegensetzen mußte, immer neue Bilder abnötigte, ist denn auch an meiner ursprünglichen Konzeption nur der Untertitel zu ändern, statt *Aus den Papieren eines Wärters* nun *Der Winterkrieg in Tibet*, und das, weil ich jetzt den sehe, den ich vorher nicht sah, den Erzähler.

## *Bomben auf Bern*

Der Verwaltung liegt das Gesetz homo homini lupus zugrunde: der Mensch ist für den Menschen ein Wolf. Merkwürdigerweise dachte ich an den Taubstummen, während ich diesen Satz in den Felsen ritzte, und der Gedanke schoß mir durch den Kopf, der Taubstumme könnte Jonathan gewesen sein. Ein unsinniger Verdacht, der wahrscheinlich nur zustande kam, weil ich mich erst wieder an Jonathan erinnerte, als ich an den Taubstummen dachte: Jonathan war verschwunden, als ich mich in die Höhle des Kommandanten rollte. Vielleicht kratzt er wie ich irgendwo in die Stollenwände.

Den Taubstummen traf ich nach dem Dritten Weltkrieg in meiner alten Heimatstadt: Schon vor dessen Ausbruch hatten sich die Regierung, die Staatsbehörde und die beiden Parlamente in die großen Bunker unter der Blümlisalp zurückgezogen, schien doch eine gegen jeden Angriff geschützte Legislative und Exekutive die Vorbedingung jeder Landesverteidigung. Das Parlamentsgebäude der Hauptstadt war unter der Blümlisalp genau nachgebildet, samt der Geheimanlage darunter und den Funkanlagen. Sogar die gleiche Aussicht, Dekorateure vom Stadttheater hatten mit vergrößerten Fotografien und Scheinwerfern dafür gesorgt. Um die Anlage herum waren die Wohnungen, die Kinos, die Kapelle, die Bars, die Kegelbahnen, das Spital und das Fitness-Center in die Blümlisalp gebaut. Darum herum lagerten sich die drei ›Ringe‹: der Versorgungsring mit den Lebensmitteln und den Weinkellern (besonders Waadtländer), der innere und der äußere Verteidigungsring. Unter der ganzen Riesenanlage die Tresorräume mit den gehorteten Goldbarren der halben Welt, und unter diesen ein Atomkraftwerk. Die Regierung und das Parlament tagten in Permanenz. Die Behörden arbeiteten auf Hochtouren. Als ich meinen Geheimauftrag entgegengenommen hatte und mich abmeldete, um offiziell meine Funktion als Verbindungsoffizier beim Kommandanten aufzunehmen, hatten sie eben eine neue Landesverteidigungskonzeption verabschiedet und beschlossen, innerhalb der nächsten zehn Jahre hundert Gepard-9-Panzer und fünfzig Vampir-3-Bomber anzuschaffen. Ich salutierte, die Regierung und die beiden Parlamente hatten sich erhoben und sangen ›Trittst im Morgenrot daher‹. Die Stimmung war gedrückt. Zwar glaubte eigentlich niemand an den Ausbruch des Dritten Weltkriegs, wenn auch mobilisiert worden war, aber man hoffte, daß die Bomben es nicht dazu kommen lassen würden, und Bomben besaßen schließlich alle, auch wir. Trotz des erbitterten Widerstands der Progressiven, Atomkraftgegner, Dienstverweigerer, Pfarrer und noch anderer mieser Kreise hatten wir die Bombe hergestellt – sogar erst nach dem Fürstentum Liechtenstein –, jeder afrikanische Staat besaß sie längst! So waren wir denn überzeugt, es käme, wenn überhaupt, nur ein konventioneller Krieg in Frage, an den wir aber nicht glaubten, weil uns einerseits die Herstellung der Bomben so viel gekostet hatte, daß wir für einen konventionellen Krieg zu wenig gerüstet war und weil wir andrerseits die Bombe gerade gebaut hatten, um einen konventionellen Krieg zu verhindern. Was uns bedrückte, war die außenpolitische Misere. Immer wieder beteuerten wir den Standpunkt der politischen bewaffneten Neutralität, aber uns beschlich immer bedrohlicher die Ahnung, daß weder die eine noch die andere Seite an unser heiliges politisches Credo glaubte. Für die einen gehörten wir ihrem politischen und damit militärischen Lager an, für die anderen waren wir militärisch potentielle Feinde. So waren wir denn gezwungen, unser mobilisiertes Heer – immerhin achthunderttausend Mann – an die Ostgrenze zu verlegen; die Westmächte wären sonst zu unberechenbar geworden, sie hätten in ihrer Front eine geschwächte Stelle vermutet. Auch läßt sich nicht verschweigen, daß die Bevölkerung der Regierung mißtraute und die Soldaten nur mitmachten, weil sie mußten: Seit einiger Zeit waren wir gezwungen, Dienstverweigerer zu lebenslänglichem Zuchthaus zu verurteilen; der Erschießung – wie das Militärdepartement sie forderte – entgingen sie nur durch Gnadenakte. Die Haltung der Bevölkerung gegenüber der Regierung war geradezu feindselig. Sie wußte die Regierung, die Behörden und das Parlament – fünftausend Leute – unter der Blümlisalp in Sicherheit, sich selber aber nicht; zum Glück konnte noch vor den allgemeinen Wahlen mobilisiert werden. Der Dritte Weltkrieg begann die ersten zwei Tage konventionell und für unsere Armee zum erstenmal seit 1512, als wir Mailand eroberten, durchaus ruhmvoll: Als die große Bombe auf die Blümlisalp fiel und die anderen großen Bomben auf die Regierungsbunker der anderen Länder – eine einzige Kettenreaktion von Schlägen und Gegenschlägen –, hatten wir die Russen bei Landeck aufgehalten, während sie in Oberitalien einfielen. Die Nachricht, daß die verbündeten und die feindlichen Armeen kapituliert hätten, erreichte den Kommandanten in einem Kurhotel im Unterengadin. Wir saßen in der großen Halle in bequemen Ohrensesseln, um uns der Stab. Getränke waren noch reichlich vorhanden. Eine Bombenstimmung. Der Kommandant frönte seiner musischen Neigung. Ein Quartett spielte Schubert: ›Der Tod und das Mädchen‹. Der Ordonnanzoffizier überreichte das Telegramm. »Da, Hänschen, lies den Wisch vor«, grinste der Kommandant, nachdem er ihn überflogen hatte. Draußen Freudengeschrei, der Funker hatte den Inhalt des Telegramms schon verkündet. Der Kommandant ergriff die Maschinenpistole. Ich erhob mich. Das Quartett verstummte. Ich las das Telegramm vor. Die Wirkung war ungemein. Das Quartett fiedelte eine Ungarische Rhapsodie von Liszt. Die Offiziere jubelten und lagen sich in den Armen. Die Maschinenpistole des Kommandanten mähte sie nieder. Er ließ drei Magazine durch. Der Saal bot ein unbeschreibliches Durcheinander von Leichen, zerfetzten Sesseln, Glasscherben, zerschmetterten Champagner-, Whisky-, Kognak-, Gin- und Rotweinflaschen; das Quartett spielte auf Leben und Tod das Andante con moto des Schubert-Quartetts, die Variationen über ›Sei guten Muts. Ich bin nicht wild, sollst sanft in meinen Armen schlafen‹. Im Jeep sagte der Kommandant: »Alles Hosenscheißer und Landesverräter.« Dann kehrte er noch einmal zurück und schoß das Quartett über den Haufen. In Scuol nahmen wir voneinander Abschied. Der Kommandant setzte sich Richtung Innsbruck ab, ich fuhr ins Oberengadin. Vor Zernez zählte ich am Straßenrand, schön aneinandergereiht, über dreihundert Offiziere, vom Korpskommandanten bis zum Leutnant, alle von ihren Soldaten erschossen. Ich salutierte im Vorbeifahren. In Sankt Moritz wurde geplündert, die Luxushotels brannten lichterloh, das Chalet des Stardirigenten zischte in die Wolken. Ich kleidete mich zivil ein, in einer piekfeinen Herrenboutique für den Jet-set, ich wählte einen Jeans-Anzug, das Preisschild hing noch daran: 3000; in einem Discount-Geschäft hätte er keine 300 gekostet, vom Personal ließ sich niemand blicken. Treibstoff war nicht mehr aufzutreiben. Ich ließ meinen Jeep stehen und meine zwei Maschinenpistolen liegen, lud meinen Revolver, fand ein Velo und radelte über den Maloja. Nach der Paßhöhe die erste klare Nacht, die dunkle Seite des Halbmonds von einem bösartigen Rot: auf der Erde mußten unermeßliche Brände wüten. Vor der ehemaligen Grenze suchte ich in einem kleinen Dorf Unterkunft. Es lag im Halbschatten, die gegenüberliegende Talseite leuchtete wie Zinnober. Ich schlich mich zu einem Gebäude, das ich für eine unbewohnte Scheune hielt. Ich fand hinter dem Gebäude eine Treppe, die nach oben führte. Die Türe ließ sich leicht öffnen. Das Innere war dunkel, ich leuchtete mit einer Taschenlampe herum. Ich befand mich im Atelier eines Malers. An einer Wand stand ein Bild: verschiedene Personen, alle wie hingeworfen, die Leere des Bildes war gespenstisch, die lose aufgespannte, kaum grundierte Leinwand wirkte wie ein Netz, in dem sich Menschen verfangen hatten. Das Bild an der anderen Wand stellte einen Friedhof dar: weiße Grabmonumente, in die das überlebensgroße Porträt eines Menschen hineingefetzt war, unsinnig, als ob durch einen hintergründigen Protest der Maler sein Bild absichtlich hätte zerstören wollen: Der Untergang der Welt schien sich in diesem Atelier schon abgespielt zu haben. In der Mitte des Ateliers stand ein scheußliches Eisenbett mit einer gestreiften Matratze, aus der überall Roßhaar herausquoll. Neben dem Bett stand ein uralter, farbverklebter, zerfetzter Ledersessel. Im Hintergrund unter einem Fenster stand das Bild einer krepierenden Hündin, verloren in einer Unendlichkeit von Ocker. Dann tauchte das Porträt eines Menschen auf, der dem Kommandanten glich. Er lag nackt und dick auf einem Bett, sein Bart quoll wirr auf die Brust, die vom geblähten Bauch hochgedrückt wurde, die Leber war geschwollen, die Beine gespreizt, sein Blick stolz und irr. Ich fror. Ich schnitt das Bild aus dem Rahmen, legte mich aufs Bett und benutzte die nach Ölfarbe stinkende Leinwand als Decke. Im schmutzigen Licht des Morgens wachte ich auf. Ich griff nach meinem Revolver. Vor dem leeren Holzrahmen, dessen Leinwand ich herausgeschnitten hatte, stand in klobigen Schuhen ein schwarzgekleidetes altes Weib mit einer spitzen Nase und nach hinten geknoteten weißen Haaren. In den Händen hielt sie eine große bauchige Tasse. Sie schaute mich mit unbeweglichen rotunterlaufenen Augen an. »Wer bist du?« fragte ich. Sie antwortete nicht. »Chi sei?« fragte ich auf italienisch. »Antonia«, antwortete die Alte. Sie kam feierlich auf mich zu und reichte mir die Tasse. Sie war mit Milch gefüllt. Ich trank und rollte mich aus der Leinwand. Sie starrte darauf, lachte, »l'attore«, und als ich an ihr vorbeiging, sagte sie feierlich: »Non andare nelle montagne. Tu sei il nemico.« Wie viele war sie verrückt geworden. Ich ging aus dem Atelier. Mein Fahrrad war gestohlen, das Dorf verlassen, die Grenze unbewacht. Das Städtchen Chiavenna wurde von türkischen Offizieren geplündert, die sich vor ihrer Mannschaft zu retten versuchten. In einer Garage nahm ich ein Motorrad, der Besitzer sah mir gleichgültig zu, man hatte seine Frau und seine zwei Töchter vergewaltigt und erschlagen. Auf dem Splügen warf ich einen russischen Offizier in den Stausee, das Motorrad versank ebenfalls. Er hatte mich überfallen, als ich angehalten hatte, den Atompilz zu bewundern, der am westlichen Himmel stand. Ich sah den Pilz zum ersten Mal. Etwas später stieß ich auf einen zerschellten Helikopter. Ich durchsuchte ihn und fand Papiere, die dem Offizier gehört hatten. Seinen Namen habe ich vergessen, ich erinnere mich nur noch, daß er aus Irkutsk stammte. Thusis war verwüstet. Ich begann zu begreifen, was sich in unserem Lande abspielte. Daß ich zwei Jahre brauchte, um mein Ziel zu erreichen, sagt alles. Meine Wanderung durch das Inferno dieser Zeit braucht deshalb nur angedeutet zu werden: Die Menschen, welche die Bombe überlebt hatten – wenn es überhaupt ein Überleben gab –, machten die gesamte Technik und die Bildung für den Dritten Weltkrieg verantwortlich. Nicht nur die Atomkraftwerke, auch die Staudämme und die Elektrizitätswerke wurden zerstört, Aberhunderttausende kamen in den Fluten um und in den Giftgaswolken der brennenden Chemiewerke, vor denen die Wut der Bevölkerung nicht haltgemacht hatte. Überall explodierten Tankstellen, brennende Autos; die sinnlos gewordenen Rundfunk- und Fernsehgeräte, die Plattenspieler, die Waschmaschinen, die Schreibmaschinen, die Computer wurden zertrümmert; die Museen, die Bibliotheken, die Spitäler wurden vernichtet. Es war wie der Selbstmord eines ganzen Landes. Chur zum

Beispiel war ein Tollhaus. In Glarus verbrannte man »Hexen«: Stenotypistinnen und Laborantinnen. Die Appenzeller verwüsteten das Kloster St. Gallen unter dem Vorwand, das Christentum hätte die Wissenschaft hervorgebracht. Die kostbare Bibliothek mit dem Nibelungenlied ging in Flammen auf. Im riesigen Schutthaufen, der einst Zürich gewesen war, übernahmen Rocker die Macht. Sie ersäuften in der Limmat die Progressiven und die Sozis sowie die Professoren und die Assistenten beider Hochschulen. In der Ruine des Schauspielhauses versammelte sich eine Sekte. Sie glaubte an die Hohlwelt-Theorie. Ihre Priesterinnen waren schwanger. Sie brachten scheußliche Mißgeburten zur Welt, die auf der Bühne geboren und geschlachtet wurden. Der Gottesdienst war eine Orgie. Die Gläubigen fielen übereinander her in der Hoffnung, noch fürchterlichere Mißgeburten zu zeugen. In Olten waren an großen Gerüsten Tausende von Primar- und Sekundarlehrern aufgeknüpft. Man hatte sie aus dem ganzen Land zusammengetrieben. Das »große Sterben« dagegen hatte schon in Graubünden eingesetzt. Gaben sich die Menschen zuerst unbeschreiblichen Ausschweifungen hin, plünderten, zertrümmerten, vernichteten, was ihnen in die Hände fiel, entfachten ungeheure Brände und legten jeden Verkehr lahm, wurden sie später apathisch. Sie wurden von einer bleiernen Müdigkeit befallen. Sie saßen vor den Ruinen ihrer Häuser, die sie selber zerstört hatten, und stierten vor sich hin, blieben irgendwo liegen, starben. Allmählich ließen die Zerstörungen nach. Es gab keine Autos, keine Bahnen mehr, nur Ruinen, ungeheure Ansammlungen von Lebensmitteln, gedacht für ein Acht-Millionen-Volk, das nun nicht einmal mehr hunderttausend zählte. Mit den Menschen starben auch die Tiere. Auf den Feldern lag Kadaver an Kadaver. Nur die Vögel hatten sich ins Unermeßliche vermehrt. Die Menschen beerdigten die Toten feierlich. Särge wurden gezimmert, aber man hatte nie genug Särge, man plünderte die alten Friedhöfe, scharrte heraus, was noch an Särgen vorhanden war, oder beerdigte die Leichen in Schränken. Endlose feierliche Leichenzüge; in der enormen Hitze, die auch im Herbst nicht abnahm, schritten alle schwarzgekleidet den Särgen nach oder zogen mit langen Seilen die Karren, auf denen die Särge geschichtet waren. Gewaltige Beerdigungsessen wurden abgehalten, die für die meisten die letzte Mahlzeit waren, dann wurden auch sie begraben, und die Leichenzüge, kleiner geworden, zogen aufs neue den Totenäckern entgegen. Es war, als ob das Volk sich selbst begrübe. Dann muß sich unser N-Bombenlager in der Schratten-Ruh von selbst entzündet haben. Im Emmental ging ich durch ein Dorf mit einer großen Milchsiederei. Es war sauber, gepflegt, die Geranien vor den Fenstern von einem feurigen Rot, doch die Straßen menschenleer. Ich hatte Hunger. Ich betrat einen Gasthof ›Zum Kreuze‹. In der Gaststube war niemand. In der Küche lag der tote Wirt, ein friedlicher Koloß, mit dem Gesicht in einer Eisbombe. Ich betrat den Speisesaal. Etwa hundert Menschen saßen an feierlich gedeckten Tischen, Männer, Frauen jeden Alters, auch Mädchen und Knaben. Am langen Tisch in der Mitte saßen Braut und Bräutigam. Die Braut im weißen Brautkleid, neben dem Bräutigam eine mächtige Frau in Berner Tracht. Alle waren tot und überaus friedlich in ihren sonntäglichen Gewändern. Ihre Teller halb leergegessen, sie mußten nachgefüllt worden sein. Zwischen den Tischen lagen die Leichen der Serviertöchter. Auf den Tischen standen mächtige ›Bernerplatten‹: Bauernschinken, Schweinerippchen, Siedfleisch, Speck, Zungenwurst, Bohnen, Sauerkraut, Salzkartoffeln. Neben der Braut war ein Sessel zur Seite geschoben, am Boden lag ein älterer Mann, sein mächtiger Bart wie ein Schleier über seine Brust ausgebreitet. In der rechten Hand hielt er ein Blatt Papier, ich schaute hin, ein Gedicht. Ich nahm seinen Sessel, setzte mich neben die Braut, häufte von der Bernerplatte auf meinen Teller, das Essen war noch warm.

*

»Meine lieben Hörerinnen und Hörer«, sagte die Stimme, »es ist jetzt zweiundzwanzig Uhr.« Dann nannte Hosmann das Datum und kündigte die Wiederholung einer patriotischen Sendung an. »Sie leben noch«, schrie Nora, »sie leben noch. Das Datum ist von heute.« Und dann ertönte im Lautsprecher die Stimme des Vorstehers des Militärdepartements. »Mein Chef!« Nora war außer sich. Der Vorsteher hielt mit seiner sonoren Stimme eine Rede an das Volk. Er erklärte, daß sie alle, Regierung, Parlament, Behörde, viertausend im ganzen, Frauen und Männer, wenn auch hauptsächlich Männer, dazu tausend Stenotypistinnen, unter der Blümlisalp heil davongekommen seien, ohne Strahlenschäden, mit Lebensmitteln noch für zwei, drei Generationen, daß das Atomkraftwerk arbeite, ihnen Licht und Luft spende – womit die Einwände der Atomkraftgegner wohl ein für allemal widerlegt worden seien –, daß die Regierung, das Parlament und die Behörde daher imstande seien, das

Land weiter zu regieren und dem Volk weiter zu dienen, wenn es auch unmöglich sei, die Blümlisalp zu verlassen, weil doch der Feind so heimtückisch gewesen sei, gerade auf die Blümlisalp eine Bombe zu werfen; doch hätten sie nicht zu klagen, die Exekutive, die Legislative und die Staatsverwaltung hätten sich zu opfern und nicht das Volk, und so hätten sie sich denn geopfert. Und während der Vorsteher des Militärdepartements weiterredete, starrte ich Nora an. Sie stand da, ihr Morgenrock hatte sich geöffnet, und sie hörte ihrem Chef atemlos zu. Ich fiel über sie her, riß sie nieder, riß ihre Schenkel auf, eine Ewigkeit hatte ich keine Frau gehabt. Und der Chef redete, daß er mit großer Freude vom Sieg über den heimtückischen Feind in Landeck gehört habe, und er sei überzeugt, daß die Armee mit ihren tapferen Alliierten schon tief in den Steppen Asiens dem Endsieg entgegeneile, ja ihn wahrscheinlich schon errungen habe, daß er aber leider samt der übrigen Regierung noch nichts von der Außenwelt gehört habe, weil die überaus starke Radioaktivität der Blümlisalp offenbar jeden Funkempfang verhindere. Er redete und redete. Nora hörte ihm immer noch zu. Ich keuchte, stöhnte, sie preßte ihre rechte Hand auf meinen Mund, um ihren Chef zu hören, kein Wort von ihm zu verlieren. Ich war auf ihr, auf und ab, unersättlicher, weil sie nur dieser Stimme im Lautsprecher zuhörte, während ihr Leib alles mit sich geschehen ließ. Natürlich sei es möglich, erklärte der Chef in nicht überhörbarer Besorgnis, natürlich sei es nicht ganz ausgeschlossen, wenn auch unwahrscheinlich, daß der Krieg einen anderen Verlauf genommen habe als vorausgesehen, daß bei der numerischen und in den klassischen Waffensystemen geradezu gigantischen Überlegenheit des Feindes dieser obsiegt, der das Land erobert habe, aber eben nur das Land und nicht das Volk, das unbezwingbar sei, wie in den Tagen von Morgarten, Sempach und Murten. Ich raste, tobte auf Noras Leib, immer wütender, weil sie immer noch zuhörte, weil ich ihr immer noch gleichgültig war. Gerade diese Tatsache müsse dem Feind nun wohl allmählich klargeworden sein, nicht allein durch den heldenhaften Widerstand, den das Volk immer noch leiste – wer zweifle daran –, sondern vor allem deshalb, weil die rechtmäßige, vom Volk gewählte Regierung, Parlament und Behörde des Landes, unter der Blümlisalp frei ihrer Pflicht nachgehe, Tag und Nacht; sie regiere, sie verordne, sie beschließe Gesetze, sie sei das eigentlich wahre Volk und niemand anders, und damit allein befugt, mit dem Feind zu verhandeln, nicht als Besiegte, sondern als Siegerin, denn möge das Land noch so verwüstet sein – dieser unwahrscheinliche Fall einmal angenommen –, ja möge das Land keinen Widerstand mehr leisten, oder – auch das sei leider denkbar – existiere es gar nicht mehr, seine intakte Regierung, sein von ihm gewähltes Parlament und seine perfekte Behörde existierten. Diese kapitulierten nie. Im Gegenteil, sie seien bereit, im Interesse des Weltfriedens erneut ihre Unabhängigkeit, gestützt auf ihre ewigwährende bewaffnete Neutralität, zu bekräftigen.

## *Von heiligen Gütern*

I

*In der Mitte der Bühne kommt ein Seil mit einer Kuhglocke herunter. Aus dem Mist tauchen um Augias gruppiert zehn Parlamentarier auf, nur bis zum Unterleib sichtbar, in ihren Masken wie gewaltige vermistete Götzen.*
*Die Szene bedächtig.*
*Augias bimmelt mit der Kuhglocke. Zuerst geschieht lange überhaupt nichts.*

ERSTER Es stinkt in unserem Land, daß es nicht zum Aushalten ist.
ZWEITER Der Mist steht so hoch, daß man überhaupt nur noch Mist sieht.
DRITTER Letztes Jahr sah man noch die Hausdächer, nun sieht man auch die nimmer.
VIERTER Wir sind total vermistet.
ALLE Vermistet.
AUGIAS *mit der Glocke* Ruhe!

*Schweigen.*

FÜNFTER Wir sind aber vermistet.
SECHSTER Bis zum Hals. Und drüber.

SIEBENTER Verdreckt und verschissen.
ACHTER Versunken und verstunken.
ALLE Verstunken.
AUGIAS *mit der Glocke* Ruhe!

*Schweigen.*

VIERTER Es soll Länder geben, wo der Mist nicht so hoch ist.
DIE ANDERN Bei uns ist er aber so hoch.
AUGIAS *mit der Glocke* Ruhe!

*Schweigen.*

NEUNTER Dafür sind wir gesund.
DIE ANDERN Aber vermistet sind wir trotzdem.
ZEHNTER Dafür gehen wir in die Tempel.
DIE ANDERN Aber vermistet sind wir trotzdem.
NEUNTER Dafür sind wir die älteste Demokratie Griechenlands.
DIE ANDERN Aber vermistet sind wir trotzdem.
ZEHNTER Das freiste Volk der Welt.
DIE ANDERN Aber vermistet sind wir trotzdem.
NEUNTER Wir sind die Urgriechen.
ALLE Die Urgriechen.

*Schweigen.*

ALLE Aber vermistet sind wir trotzdem.
AUGIAS *mit der Glocke* Ruhe!

*Schweigen.*

ERSTER Die Kultur sollte man einführen, wie im übrigen Griechenland.

ZWEITER Die Industrie, den Fremdenverkehr.

DRITTER Die Sauberkeit.

VIERTER Entweder misten wir jetzt aus, oder wir bleiben im Mist stecken.

ALLE Stecken.

AUGIAS *mit der Glocke* Ruhe!

*Schweigen.*

FÜNFTER Es eilt.

SECHSTER Schandbar.

SIEBENTER Wir müssen Maßnahmen ergreifen.

ACHTER Welche?

NEUNTER Weiß nicht.

ZEHNTER Dann verstinken wir eben.

ALLE Verstinken.

AUGIAS *mit der Glocke* Ruhe!

*Schweigen.*

ERSTER Gegen das Schicksal kann man nichts machen.

ALLE Nichts.

ZWEITER Die Götter wollen es so.

DIE ANDERN Die Götter.

AUGIAS *mit der Glocke* Ruhe!

ZEHNTER Vielleicht sollten wir nachdenken.

SIEBENTER Wie macht man das?
ALLE Keine Ahnung.
AUGIAS *mit der Glocke* Ruhe!
FÜNFTER Wozu haben wir unseren Präsidenten?
ACHTER Damit er nachdenkt.
VIERTER Dann soll e r nachdenken.
ALLE Er.
AUGIAS *mit der Glocke* Ruhe!

*Schweigen.*

AUGIAS *mit der Glocke* Männer von Elis!
DRITTER Hört unseren Präsidenten Augias.
DIE ANDERN Hören wir ihm zu.
AUGIAS Ich denke nach.
ALLE Er denkt nach.
AUGIAS Daß mir niemand rülpst oder sonst ein Geräusch macht.
ALLE Keiner.

*Totenstille.*

AUGIAS Ich habe eine Idee.

*Schweigen.*

ALLE Eine Idee?
AUGIAS Ganz plötzlich.

*Schweigen.*

DRITTER Bin ich aber erschrocken.

*Schweigen.*

ALLE Rede.

*Schweigen.*

AUGIAS Männer von Elis. Ich denke, natürlich muß man ausmisten. Es ist wohl keiner unter uns, der nicht gegen den Mist ist, ja, unter den Griechen ist es der Elier, der am meisten gegen den Mist ist.

ALLE Richtig.

AUGIAS Doch ist es ein Unterschied, ob wir nur ein wenig oder ob wir radikal ausmisten. Wenn wir nur ein wenig ausmisten, steht der Mist übers Jahr wieder so hoch wie er jetzt steht, ja noch höher, bei der Menge, die wir produzieren. Wir müssen daher radikal ausmisten.

ALLE Radikal.

FÜNFTER Einfach ran an den Mist!

ALLE Ran an den Mist!

AUGIAS Ran an den Mist. Ein großes Wort. Wir sind eine Demokratie und stehen vor einer Gesamterneuerung des Staates. Die Aufgabe ist so gewaltig, daß ein Oberausmister gewählt werden muß, soll radikal ausgemistet werden. Dabei kommt jedoch die Freiheit in Gefahr. Der Mist ist dann fort, aber wir haben einen Oberausmister, und ob wir den dann auch fortbringen, kann man nicht wissen. Die Geschichte lehrt, daß gerade die Oberausmister bleiben. Doch droht uns ein noch größeres Übel. Wenn wir jetzt ausmisten, haben wir keine Zeit, unsere Kühe zu besorgen, die Käse- und Butterherstellung, der Export wird zurückgehen, und der Verlust kommt uns teurer zu stehen als die ganze Ausmisterei.

NEUNTER UND ZEHNTER Teurer.

DIE ANDERN Die Ausmisterei sollen die Reichen bezahlen.

SECHSTER Die produzieren den größten Mist!

NEUNTER UND ZEHNTER Wir zahlen genug Steuern!

DIE ANDERN Ausmisten! Einfach ausmisten!

AUGIAS Elier! Ich komme jetzt zu meiner Idee. Beim letzten Fürstentag in Arkadien hörte ich von einem Herkules, den man den Säuberer Griechenlands nennt. Den brauchen wir. Säubern und Ausmisten ist das eine wie das andere. Ich will dem guten Mann mal schreiben. Wir bieten ihm ein anständiges Honorar, zahlen ihm die Spesen, und während wir unser Vieh besorgen, kann er sich an die Arbeit machen. So kommt uns das Ausmisten am billigsten.

ALLE Am billigsten!

DER SIEBENTE

So wollen wir es machen

ALLE

Wenn das Vaterland, das liebe,
In Gefahr ist

DER ERSTE

Wenn der Mist hochsteigt wie jetzt
Dampfend und braun

DER ZWEITE

Wenn der Milchpreis sinkt wie jüngst
Abgrundtief

DER DRITTE

Wenn die Makedonischen Barbaren
 Billigere Butter auf den Markt werfen

DER VIERTE

Wenn die Fremden das Land meiden
 Weil den korinthischen Bordellen
Keine Stunde schlägt

ALLE

Wie den unsrigen

DER FÜNFTE

Denkt ein Präsident für uns nach

DER SECHSTE

Der aber ist kein König

ALLE

Sondern unsresgleichen

DER SIEBENTE

Er trinkt das Bier, das wir trinken

DER ACHTE

Und abends

DER DRITTE

Lallend wie wir

ALLE

Die gleichen heimatlichen Lieder

DER NEUNTE

Torkelt er heim, auch wie wir

DER ZEHNTE

Er spielt Karten wie wir

DER ERSTE

Schläft wie wir

DER ZWEITE

Hat geheiratet wie wir

DER DRITTE

Gezeugt wie wir

DER VIERTE

Mit einer ähnlichen rundlichen Gattin

DER FÜNFTE

Wer aber ist wie wir

DER SECHSTE

Handelt wie wir

DER SIEBENTE

Langsam aber sicher

ALLE

Auch wie wir

DER SIEBENTE

Denn wo

DER ACHTE

Eile nottut

DER NEUNTE

Ist Bedachtsamkeit doppelt am Platze

DER ZEHNTE

Drum wollen wir Augias gehorchen

ALLE

Gehorchen

*Die elischen Parlamentarier versinken mit Augias wieder im Mist.*

## II

*Von links hinten kommen die zwei elischen Bühnenarbeiter mit der Bahre und eilen nach rechts vorne hinaus. Dann treten Augias und sein Knecht Kambyses auf, beide mit Milchkesseln und umgebundenen Melkstühlen.*

AUGIAS Es ist mir eine besondere Ehre, von meinen hundert Kühen die vier besten vorstellen zu dürfen – reich das Melkfett herüber, Kambyses.

*Sie fetten sich beide die Hände ein.*

AUGIAS Das Euter muß behutsam angefaßt werden. Melken ist eine kräftige, doch zarte Kunst – Rechts außen Scheck, ein rotgeschecktes wahres Prachtsexemplar von einem elischen Höhenfleckvieh. Zuverlässig und ausgiebig. Neben ihr Krone. Diese Kuh – Sie sehen, sie ist gedrungener, breiter, die Hörner sind stumpfer – leuchtet wie Gold in der Morgensonne, die durch die Ritzen des Stalles dringt und die warme Dunkelheit durchschneidet – Gib Scheck und Krone noch etwas Heu, Kambyses, und den beiden andern auch.

*Kambyses nimmt eine Heugabel und tut, als gäbe er Heu.*

AUGIAS Ich liebe es, im Stall zu arbeiten, in meinem Stall, und all den Plunder zu vergessen, mit dem sich ein Präsident herumschlagen muß. Die großen stillen Tiere beruhigen mich, besonders wenn ich vom Regieren komme wie jetzt – wir hatten eben eine stürmische Nachtsitzung, besonders beschwerlich nach den Empfangsfeierlichkeiten für unseren Nationalhelden, und was die berühmten Nachtsitzungen unseres Großen Nationalen Rats betrifft – seien wir ehrlich, der schlimmste Mist wird auch bei uns nicht immer in den Ställen produziert – Krone war übrigens bereits vierzehnmal trächtig, eine wackere, geduldige Leistung – eben muhte sie sanft – und betrachtet Sie, meine Damen und Herren, mit jenem königlichen Blick, der unserer einheimischen Niederungsrasse, unserem Urvieh, eigen ist. Aber ich muß Platz machen.

*Die zwei Bühnenarbeiter tragen von rechts vorne eine unkenntliche Gestalt nach links hinten.*

AUGIAS Verzeihen Sie. Ein Verunglückter wird ins Spital getragen. Das elische Terrain hat seine Tücken.

*Er schaut der Bahre nach.*

AUGIAS Polybios. Tut mir leid. Er sauste einen Düngersteilhang hinunter und schlug durch das Stalldach auf meinen besten Muni hinab – na, unser Doktor Äskulap von Bäzikofen wird die beiden schon wieder zusammenflicken. – Doch kehren wir zu meinen Preiskühen zurück. Das ist Bleß, typisches graubraunes Höhenvieh vom oberen Peneios, fünfzehn Liter im Tag, der Bauch im unteren Teil und die innere Ohrmuschel weißschimmernd – brav, brav, meine Prächtige, werde dich schon melken – endlich

Lady, meine makellose schwarze Schönheitskönigin, fünfmal preisgekrönt, zwanzig Liter im Tag – Sie, das leistet die spielend! – der Stolz unserer elischen Milchwirtschaft. Doch genug geschwatzt, ich muß mich mit meinem Knecht an die Arbeit machen.

*Sie setzen sich, Augias links, Kambyses rechts, tätscheln die nur in der Einbildungskraft des Publikums vorhandenen Kühe.*

AUGIAS Ruhig, Bleß.
KAMBYSES Ruhig, Scheck.

*Sie beginnen zu melken. Von rechts hinten kommt Herkules.*

HERKULES Augias, ich habe mit dir zu reden.
AUGIAS Ruhig, Bleß.
KAMBYSES Ruhig, Scheck.
HERKULES Ein Scheißweg führt zu dir.
AUGIAS Tut mir leid, daß dein Sekretär –
HERKULES O bitte. Ich schmiß ihn selbst in deinen Stall hinab.
AUGIAS Ach so.
HERKULES Aus Wut, deinen Auftrag angenommen zu haben.
KAMBYSES Ruhig, Scheck.
HERKULES Ich zerstampfe dein Bauernparadies, ich schicke deine Mistrepublik zur Hölle.
AUGIAS Ruhig, Bleß.
HERKULES Ich tobe und du melkst!

KAMBYSES Diese verdammten Fliegen.
AUGIAS Setz dich.
HERKULES Zwischen die Kühe?
AUGIAS Sie tun dir nichts.
KAMBYSES Binde einen Melkstuhl um.

*Er wirft ihm einen Melkstuhl zu, den Herkules umbindet.*

HERKULES Auch das noch.
AUGIAS Praktisch.
KAMBYSES Bequem.
AUGIAS Ruhig, Scheck.
KAMBYSES Ruhig, Bleß.

*Die beiden melken ruhig weiter. Herkules setzt sich in die Mitte der Bühne.*

AUGIAS Gute Milch.
KAMBYSES Prima Milch.

*Die beiden tauchen einen Finger in den Kübel, lecken ihn ab.*

AUGIAS Willst du auch versuchen?
HERKULES Nein.
AUGIAS Dann nicht.
HERKULES *empört* Ich soll die Genehmigung des Wasseramtes abwarten, bevor ich ausmiste.
AUGIAS Warum nicht.
HERKULES Wohl wahnsinnig geworden.

AUGIAS Ruhig, Bleß.

KAMBYSES Ruhig, Scheck.

HERKULES Keine hundert Mammuts bringen mich hin.

*Kambyses fischt etwas aus seinem Milchkessel und wirft es dann fort.*

KAMBYSES Ein Mistkäfer ist von der Decke in die Milch gefallen.

AUGIAS Macht nichts.

KAMBYSES Kommt immer wieder vor.

*Die beiden melken weiter.*

HERKULES Ich hasse Ämter!

AUGIAS Ich auch. Aber sie sind nun einmal da. Die Genehmigung des Wasseramtes bekommst du sicher ziemlich augenblicklich, so in zwei drei Wochen, nur mußt du dich nachher noch beim Fremdenamt melden.

HERKULES Beim Fremdenamt!

KAMBYSES Ruhig, Scheck.

AUGIAS Und beim Arbeitsamt.

KAMBYSES Auch beim Tiefbauamt.

HERKULES *dumpf* Beim Tiefbauamt.

AUGIAS Hast du dessen Bewilligung, meldest du dich beim Finanzamt.

HERKULES *wischt sich den Schweiß ab* So vermistet ihr seid, Ämter habt ihr trotzdem.

AUGIAS Gerade darum.

KAMBYSES Ein Mistamt haben wir auch.

AUGIAS Dort mußt du ebenfalls vorsprechen. Tut mir leid, ich hätte dir das alles gern ersparen wollen, aber so ist es letzte Nacht im Großen Nationalen Rat beschlossen worden.

HERKULES Ich demolierte in Theben das Stadthaus, als mir das Steueramt Schwierigkeiten bereitete.

AUGIAS Ruhig, Bleß.

HERKULES Und jetzt bildet man sich ein, ich würde mich hier auf den Ämtern herumtreiben!

KAMBYSES Ruhig, Scheck.

AUGIAS Wenn du unsere Gesetze achten willst, bleibt dir nichts anderes übrig.

HERKULES *trotzig* Ihr habt mich aufgefordert, auszumisten, nicht ich habe euch gebeten.

AUGIAS Aber du hast den Auftrag angenommen.

*Schweigen.*
*Die beiden melken ruhig weiter.*

HERKULES *müde* Dieses Land bringt mich noch um den Verstand, diesen warmen Dampf über allen Dingen halte ich nicht mehr aus!

*Augias erhebt sich würdig und steht nun Herkules gegenüber.*

AUGIAS Herkules. Auf meinen Rat hin bist du gerufen worden, weil ich wußte, daß die Elier aus eigener Kraft nie ausmisten, sondern stets nur davon reden würden. Und nun bist du da. Eine ungeheure Kraft, die unsere Heimat umzugestalten vermag. Aber damit ist auch mein Werk getan. Von nun an darf ich keinen Finger mehr für dich rühren. Die Elier haben ihre große Gelegenheit bekommen, ihren Staat in Ordnung zu bringen, sie müssen jetzt selber sehen, ob sie ihre Chance auszunützen verstehen. Ich bin kein Revolutionär. Ich bin der Präsident dieses Landes und habe mich an seine Gesetze zu halten. Ich bitte dich, es auch zu tun. Darum nimm den Kampf gegen die Ämter ebenso mutig auf, wie du ihn gegen die Ungeheuer aufzunehmen pflegst, demoliere sie nicht, überzeuge sie: Denn du bist unser aller Prüfstein geworden. Geh nun, laß deine Wut fahren, unterziehe dich dem, was hier als notwendig erachtet wird, auch wenn es gegen jegliche Vernunft zu sein scheint.

*Nun erhebt sich auch Kambyses.*

KAMBYSES Letzte Nacht hast du mir einen Rat gegeben, Herkules von Theben, und nun gebe ich dir einen Rat: Miste jetzt aus, sonst wirst du nie ausmisten, den Kampf mit den elischen Ämtern hat noch jeder verloren. Staue die Flüsse Alpheios und Peneios noch heute und schwemme dieses verfluchte Elis ins Meer, auch auf die Gefahr hin, daß nichts bleibt als der nackte Fels: Es ist nicht schade darum.

*Er setzt sich wieder, melkt weiter.*

KAMBYSES Ruhig, Krone.
AUGIAS Verzeih. Aber ich muß weitermelken.

*Setzt sich ebenfalls.*

AUGIAS Ruhig, Lady.

*Schweigen.*
*Herkules schnallt den Melkstuhl ab.*

HERKULES Ich bin ein gutmütiger Mensch, Präsident Augias. Ich will die Gesetze dieses Landes achten und mich auf den Weg machen. Zum Wasseramt.

*Er geht nach hinten ab.*
*Augias und Kambyses melken weiter.*

AUGIAS Ruhig, Lady.
KAMBYSES Ruhig, Krone.

III

*Auf der Bühne nichts als der sagenhafte Mist. Die Statue der Eleutheria ist fast verschwunden. In der Mitte wieder das Seil mit der Kuhglocke. Aus dem Mist tauchen aufs neue die zehn Parlamentarier mit Augias auf.*

AUGIAS Ruhe!
DER DRITTE Der Mist ist wieder gestiegen.
DIE ANDERN Gestiegen.

AUGIAS *mit der Glocke* Ruhe!

DER NEUNTE Von unserer Statue sieht man nur noch die Schwurhand.

DIE ANDERN Die Schwurhand.

AUGIAS *mit der Glocke* Ruhe!

*Schweigen.*

AUGIAS Pentheus vom Säuliboden hat das Wort.

PENTHEUS VOM SÄULIBODEN (DER ERSTE) Meine Herren. Ich möchte anfangs betonen, daß ich nach wie vor von der absoluten Notwendigkeit des Ausmistens zutiefst überzeugt bin.

ZWEITER Wer nicht ausmistet, schadet der Heimat.

AUGIAS *mit der Glocke* Ruhe!

PENTHEUS VOM SÄULIBODEN Doch ist es mir als Präsident des Kulturkomitees eine Pflicht, die Säuberungskommission des Großen Nationalen Rats darauf hinzuweisen, daß unter dem Mist immense Kunstschätze verborgen sind.

DIE ANDERN Kunstschätze?

PENTHEUS VOM SÄULIBODEN Ich nenne nur die spätarchaischen Fassaden und die farbigen Holzschnitzereien auf dem Augiasplatz, den Zeustempel im frühjonischen Stil und die weltberühmten Fresken in der Turnhalle. Dieses Kulturgut nun, mistet man aus, könnte durch die Wasserfluten beschädigt, ja, wie zu befürchten ist, zerstört werden, und da unser Patriotismus –

DIE ANDERN Patriotismus?

PENTHEUS VOM SÄULIBODEN – weitgehend auf diesen kulturellen Gütern ruht, läuft auch er Gefahr, bei einer allgemeinen Ausmistung fortgeschwemmt zu werden.

DIE ANDERN Fortgeschwemmt?

PENTHEUS VOM SÄULIBODEN Nun könnte man einwenden, die ganzen Befürchtungen seien hinfällig, weil man die Kunstschätze ja gar nicht sehe, weil sie unter dem Mist begraben seien, doch muß ich gerade hier ausrufen: Es ist besser, daß diese kulturellen Güter, die ja unsere heiligsten Güter sind, zwar nicht sichtbar, aber eben doch noch vorhanden sind, als überhaupt nicht vorhanden.

DRITTER Bilden wir eine Kommission.

AUGIAS *mit der Glocke* Ruhe!

DIE ANDERN Beschlossen schon, wir bilden eine Kommission.

AUGIAS *mit der Glocke* Kadmos von Käsingen hat das Wort.

KADMOS VON KÄSINGEN (DER VIERTE) Meine Herren vom Säuberungsausschuß. Als Vorsitzender des Heimatvereins möchte ich meinem Vorredner Pentheus vom Säuliboden insofern zustimmen, als auch ich die unter dem Mist verborgenen Kunstschätze als unsere heiligsten Güter betrachte. Doch der Ansicht, meine Herren, daß das Ausmisten unsere heiligsten Güter beschädigen könnte, vermag ich nicht beizutreten.

SIEBENTER Wer das Ausmisten untergräbt, unterhöhlt die Nation!

AUGIAS *mit der Glocke* Ruhe!

KADMOS VON KÄSINGEN Was ich befürchte, ist vielmehr, daß unsere heiligsten Güter unter dem Mist gar nie vorhanden waren! –

DIE ANDERN Nie?

KADMOS VON KÄSINGEN – weil sie eben nur in unserem Glauben existieren.

DIE ANDERN Glauben?

KADMOS VON KÄSINGEN In diesem Falle, meine Herren, wäre das Ausmisten ein großes Unglück, ja geradezu ein Verrat an unsern heiligsten Gütern.

DIE ANDERN Verrat?

KADMOS VON KÄSINGEN Die Hoffnung der Nation, sie unter dem Mist zu finden, zerrönne in Nichts –

DIE ANDERN Zerrönne?

KADMOS VON KÄSINGEN – der ganze Stolz des Eliers auf seine Vergangenheit, sein Patriotismus erwiese sich als eine Utopie. Da unsere heiligsten Güter jedoch für die Nation notwendig sind –

DIE ANDERN Notwendig!

KADMOS VON KÄSINGEN – und da, misten wir nicht aus, die Frage, ob es sie gebe oder nicht, offen bleibt, was wieder, politisch nüchtern gesprochen, soviel ist, als wären unsere heiligsten Güter vorhanden, so komme ich zum Schluß, daß wir uns das Ausmisten, von dessen unbedingter Notwendigkeit ich, wie gesagt, mehr denn je zutiefst überzeugt bin, doch noch sehr überlegen müssen.

ZEHNTER Bilden wir eine Gegenkommission.

AUGIAS *mit der Glocke* Ruhe!

DIE ANDERN Beschlossen schon, wir bilden eine Gegenkommission.

NEUNTER Wer am Ausmisten zweifelt, zweifelt am Vaterland!

AUGIAS *mit der Glocke* Sisyphos von Milchiwil hat das Wort!

SISYPHOS VON MILCHIWIL (DER ACHTE) Meine Herren! Ich bin Volkswirtschaftler. Ich fasse mich unpopulär, aber sachlich. Als ob es darauf ankäme, ob nun Holzschnitzereien unter dem Mist verborgen sind oder nicht, als ob diese kulturellen Güter unsere heiligsten Güter wären!

ZWEITER Unser heiligstes Gut ist unsere einheimische Stiefelindustrie!

SIEBENTER Unser Vollfettexportkäse!

SISYPHOS VON MILCHIWIL Unser heiligstes Gut, meine Herren, ist unsere Volkswirtschaft, und unsere Volkswirtschaft ist gesund!

DIE ANDERN Gesund!

SISYPHOS VON MILCHIWIL Nun ist es jedoch vom volkswirtschaftlichen Standpunkte aus nicht völlig zu verschweigen, daß uns das Ausmisten vor ein Dilemma stellt, so sehr ich gerade als Volkswirtschaftler für das Ausmisten bin.

DIE ANDERN Dilemma?

SISYPHOS VON MILCHIWIL Vor ein elisches Dilemma. Elis ist ein reiches Land. Um unsere Bilanz werden wir beneidet, unsere Währung ist hart. Warum? Weil unsere Volkswirtschaft auf einem soliden Sockel steht, und dieser solide Sockel ist der Mist! Nicht nur ganz Griechenland, auch Ägypten und Babylon düngen mit elischem Kompost –

DIE ANDERN Mit elischem Kompost!

SISYPHOS VON MILCHIWIL – ein nationaler Triumph, auf den wir stolz sein dürfen, und diesen Triumph spülen wir ins Ionische Meer.

DIE ANDERN Spülen!

SISYPHOS VON MILCHIWIL Misten wir aus! Glauben Sie

einem alten erfahrenen Volkswirtschaftler, meine Herren, glauben Sie ihm, so sehr auch das Ausmisten zutiefst notwendig ist, so sehr öffnet es auch einen Abgrund, den wir durch keine noch so erfolgreiche Fremdenindustrie werden ausfüllen können!

DIE ANDERN Ausfüllen!

FÜNFTER Bilden wir eine Zwischenkommission.

AUGIAS *mit der Glocke* Ruhe!

DIE ANDERN Beschlossen schon, wir bilden eine Zwischenkommission.

AUGIAS *mit der Glocke* Kleisthenes vom Mittlern Grütt hat das Wort.

KLEISTHENES VOM MITTLERN GRÜTT (DER FÜNFTE) Meine Herren: Zutiefst von der Notwendigkeit des Ausmistens überzeugt, ist es meine Pflicht, Ihnen schlicht zuzurufen: Unser heiligstes Gut ist unsere Sittlichkeit! *Bravorufe.* Unser Familienleben – *Bravorufe* – das nur in der trauten, warmen Gemütlichkeit des Mistes gedeiht. Misten wir aus, verlassen unsere Söhne und Töchter am Abend das Haus!

SECHSTER Ausmisten ist ungemütlich!

*Schweigen.*

NEUNTER *erleuchtet* Bilden wir eine Oberkommission.

AUGIAS *mit der Glocke* Ruhe!

DIE ANDERN Beschlossen schon, wir bilden eine Oberkommission.

SECHSTER Setzen wir Kommissionen ein, um zu prüfen, ob der Mist, wenn er einmal nicht mehr ist, die Tiefe unserer Religion verhindert.

SIEBENTER Den Viehstand dezimiert.

ACHTER Das elische Weib zu Exzessen verleitet.

ZEHNTER Die Reichen verarmt.

ERSTER Den Wirtschaftsfrieden verwüstet.

ZWEITER Die Dörfer verstädtert.

DRITTER Das seelische Leben des Kindes verkümmert.

FÜNFTER Eine Kommission sollte untersuchen, ob das Wegspülen des Mistes unsere Armee nicht strategisch fortschwemmt.

SECHSTER Unsere Obersten haben sie für den Mistkrieg ausgebildet.

DIE ANDERN Unsere Obersten!

AUGIAS *mit der Glocke* Ruhe!

SIEBENTER Und endlich, meine Herren, fordere ich noch eine Kommission, um die Frage abzuklären, ob nicht das Ausmisten die Wähler geradezu in den Schoß der makedonischen Arbeiterpartei treibt!

ACHTER Das wäre das Ende.

DIE ANDERN Das Ende.

AUGIAS *mit der Glocke* Ruhe!

*Schweigen.*
*Der erste weist nach oben.*

DER ERSTE Die Freiheitsstatue ist verschwunden.

DIE ANDERN Verschwunden.

AUGIAS *mit der Glocke* Ruhe!

DER ZEHNTE *verzagt* Der Mist nimmt zu, wir kommen zu spät.

*Die anderen schütteln gemütlich die Köpfe.*

DIE ANDERN
Das kommen wir nie.
Das kommen wir nie.
AUGIAS *mit der Glocke* Ruhe!
DIE ANDERN
In der elischen Politik
In der elischen Politik
Ist es nie zu spät, doch stets zu früh.

*Schweigen.*

NEUNTER Donnerwetter, haben wir wieder einmal ganze Arbeit geleistet.

*Augias und der Große Nationale Rat versinken.*
*Auf der Bühne nichts als der sagenhafte Mist.*

## IV

*Phyleus geht nach vorne rechts, starrt ins Publikum. Augias tritt in die Mitte der Bühne, klappt das Podium herunter, geht ins Innere, setzt einen Gärtnerhut auf und bindet sich eine grüne Gärtnerschürze um, stellt einige jämmerliche Töpfe mit Geranien usw. an den Rand des Podiums, gemächlich, dann zwei Gartenzwerge, pflanzt zwei Sonnen-*

*blumen auf, einen kleinen Apfelbaum; alles durchaus kleinbürgerlich.*

PHYLEUS Mein Vater?
AUGIAS Mein Sohn?
PHYLEUS *finster* Alles voll Blumen, Bäume voll Früchte.
AUGIAS Greif den Boden.
PHYLEUS Erde!
AUGIAS *hart* Aus Mist ist Erde geworden. Gute Erde.
PHYLEUS Ich verstehe dich nicht mehr, Vater.

*Augias geht wieder ins Innere, kommt mit einer Gießkanne und mit einer Stechschaufel.*

AUGIAS Siehst du, mein Sohn, an diesem Garten habe ich ein Leben lang im geheimen gearbeitet, und so schön er ist, er ist ein etwas trauriger Garten. Ich bin kein Herkules. Und wenn nicht einmal er der Welt seinen Willen aufzuzwingen vermag, wie wenig erst vermag ich es. So ist dies der Garten meiner Entsagung. Ich bin Politiker, mein Sohn, kein Held, und die Politik schafft keine Wunder. Sie ist so schwach wie die Menschen selbst, ein Bild nur ihrer Zerbrechlichkeit und immer wieder zum Scheitern bestimmt. Sie schafft nie das Gute, wenn wir selber nicht das Gute tun. Und so tat ich denn das Gute. Ich verwandelte Mist in Humus. Es ist eine schwere Zeit, in der man so wenig für die Welt zu tun vermag, aber dieses Wenige sollen wir wenigstens tun: das Eigene. Die Gnade, daß unsere Welt sich erhelle, kannst du nicht erzwingen, doch die Voraussetzung kannst du schaffen, daß die Gnade –

wenn sie kommt – in dir einen reinen Spiegel finde für ihr Licht. So sei denn dieser Garten dein. Schlag ihn nicht aus. Sei nun wie er: verwandelte Ungestalt. Trage du nun Früchte. Wage jetzt zu leben und hier zu leben, mitten in diesem gestaltlosen, wüsten Land, nicht als ein Zufriedener, sondern als ein Unzufriedener, der seine Unzufriedenheit weitergibt und so mit der Zeit die Dinge ändert: die Heldentat, die ich dir nun auferlege, Sohn, die Herkulesarbeit, die ich auf deine Schultern wälzen möchte.

*Phyleus steht unbeweglich. Dann wendet er sich dem Vater zu. Geht zu ihm, bleibt neben ihm stehen, den Rücken gegen das Publikum.*

PHYLEUS Leb wohl!

*Er geht mit gezücktem Schwert nach rechts hinaus, Herkules nach.*
*Augias beginnt, die Blumen zu begießen. Aus dem Mist tauchen die Parlamentarier auf.*

DIE ZEHN

So geht denn alles zu Grunde
Politiker, Helden und Land
Die Knochen fressen die Hunde
Das Blut versickert im Sand

Die Reichen, Faulen und Satten
Sie haben die Chance vertan

Es sinken nieder die Schatten
Das große Sterben fängt an

Der Schutt in Herzen und Gassen
Er säubert von selber sich nie
Was heute ihr unterlassen
Verschlingt euch schon in der Früh

Drum hurt euch nicht durch die Zeiten
Und tut, was ihr tun müßt, noch bald
Sonst wird der Tag euch entgleiten
Die Nacht ist dunkel und kalt

# II

## *Schweizerpsalm II*

Was zum Teufel soll ich mit diesem Land anfangen?

Es breitet sich, zwei Schritte in die
Länge und drei in die Breite
wie der Garten eines Fabrikanten zu meinen
Füßen aus,
der in undurchsichtigen Geschäften
verreist ist.

Vielleicht wird er in zwanzig oder fünfzig
Jahren bankerott machen,
jammernde Familien zurücklassend und Historiker,
die bestürzt nach Ursachen
forschen.

In den Vereinigten Staaten von Nordamerika
kann man eine ganze Woche im Schnellzug sitzen,
bis man, um einen verwitterten Ausläufer
der Rocky Mountains biegend,
den großen Ozean sieht.

In Rußland ist die Transsibirische Eisenbahn
ein so unermeßliches Unternehmen, daß
ganze Züge

überhaupt nicht angekommen sind, Jahre
lang durch die Wüste Gobi
schnaubend.

Der Himmel ist wirklich sonst überall unendlich
und die Erde
breitet sich überall ohne Grenzen aus.
Ins Meer tauchend erhebt sie sich wieder
anderswo zu neuen Kontinenten.
Reisende haben mir das versichert.

Wenn man jedoch in diesem Land Eisenbahnzug
fährt,
ist man in vier fünf Stunden von einer
Grenze zur andern gekommen
und stochert sich im Speisewagen beim
Anblick des Bodensees
die letzten Reste des Menüs aus den
Zähnen,
das man in Genf begonnen hat.

Und dabei hätte man die Distanzen so furcht-
bar nötig.

Oft, wenn ich zornig bin und ohne Hoffnung
bin, sage ich:
Dieses Land ist ein Scheißland.

Es liegt vor mir sozusagen in den vier Rahmen
meiner Fenster.

Ein Teller mit fetter Speise aus einem
Hause, das einst gute
Zeiten sah, und heute noch bessere.

Vorgesetzt einem Hund, gespendet von einer
alten Dame,
die – davon spricht sie immer – achthundertfünfzig
Jahre ununterbrochen anständig
gelebt hat. Sie sei barmherzig und tierliebend
sagt die Nachbarschaft.

Dennoch mag ich aus diesem Teller nicht fressen.
Aber ich muß,
Auch ein Hund will leben. Die Zeit ist jetzt
schlimm.
Nur merken es noch wenige. –
Und die Berge liebe ich eigentlich auch nicht.

Wie wenn es irgendwie sinnvoll wäre, die Köpfe
und Gräte
in so hohe Höhen zu stecken, wo es immer schneit,
sogar noch im Hochsommer.

Und dann steht man da in Eis gepanzert, ohne
Leben und gemeingefährlich,
daß am Schluß nicht einmal die Gemsen mehr
an einem herumklettern.
Aber unsere Literaturhistoriker sind schließlich
auch so.

Sehr vieles ist so in diesem Land. Oft weiß ich,
daß wir alle mit Mann und Maus untergegangen sind.
Die Mädchen gehen in die Uhrenfabrik. Die Bordelle und die Jesuiten sind verboten.
Am meisten leben in unserem Lande die Toten.

## *Die Schweiz als Wagnis*

Gespräch mit Alfred A. Häsler

FD Die Schweiz erlitt nach dem Kriege einen Schock. Sie war von einem Europa umgeben, in welchem es von Siegern wimmelte, die uns als Kriegsgewinnler betrachteten und durchaus nicht als Heldenvolk. Darauf entschlossen sich viele Schweizer, vor allem Politiker, zum Teil instinktiv, nun die Helden des kalten Krieges zu werden. Wer ein schlechtes Gewissen hat, wird leicht doktrinär. Die Schweiz war ja im Kriege nicht nur antinationalsozialistisch, als bürgerliche Ideologie fand der Nazismus bei uns weit mehr Anhänger als jetzt der Kommunismus, eine Tatsache, die wir allzu leicht verdrängen. Darum die Gleichung Nationalsozialismus=Kommunismus. Darum die starre Heldenhaltung ›lieber tot als rot‹. Dem entspricht auch unsere heutige Verteidigungskonzeption, auch sie martialisch und heldisch bis aufs letzte! Den strategischen Grundgedanken des Réduits* ließ sie längst fallen. Das Réduit war militärisch eine äußerst bedenkliche Konzeption gewesen. Das Réduit wollte das Volk opfern und die Armee retten; aber es war eine geniale und listige Strategie, welche die Schweiz im Kriegsfall für Hitler nicht mehr rentabel gemacht hätte. Die Schweiz

* Das Réduit national ist das nach der Konzeption von General Henri Guisan im Zweiten Weltkrieg zur Sicherung des Sankt Gotthard errichtete Befestigungssystem mit Befehlszentrale in Andermatt, das der Schweiz nach Verlust des bevölkerungs- und industriereichen Alpenvorlandes bei einem deutschen Angriff die Fortführung des Widerstands erlauben sollte.

wagte jedoch nachträglich nicht mehr zu sich selber zu stehen, sie empfand die Notlage als schändlich, in der sie sich während des Krieges befand, und dichtete sich dann vom Menschlichen ins Heldische oder ins Teuflische um. Die Wahrheit ist, daß wir keine Wahl hatten. Wir haben sicher im Krieg viele Fehler gemacht, aber im wesentlichen war unsere Politik menschlich. Man kann von den Politikern nicht das Heldische fordern. Wir haben kein Recht, auf unsere damaligen Politiker Steine zu werfen. Sie haben ihr politisches Ziel erreicht, nämlich die Schweiz aus dem Kriege herausgehalten. Sie haben es mit moralisch oft ungenügenden und sogar bedenklichen Mitteln getan. Die Politik ist ja nicht anders als der Mensch, der sie betreibt. Wir hatten Ideen im Kriege, wir haben die Fragen auf unsere Art gemeistert. In einer unwürdigen Zeit ist keine rein würdige Haltung möglich. Nachträglich zu verlangen, unsere Politiker hätten Helden sein sollen, geht nicht an.

Wir sind nicht besser. Wir sind Antikommunisten und treiben Handel mit den kommunistischen Staaten. Das wäre an sich weniger zu verantworten als der Handel, den wir mit Hitler treiben mußten, weil wir umzingelt waren. Jetzt brauchen wir nicht. Damals ging es um die Freiheit, jetzt geht's um die Limousine. Unsere Politik ist, von der Moral aus gesehen, unmoralischer geworden. Politik ist immer auch etwas Zynisches. Der große Politiker weiß, daß er zum Teil amoralisch handeln muß. Politik und Moral decken sich nicht; aber so tun, als ob, ist bedenklich. Die Schweiz im Zweiten Weltkrieg ist eine schmerzliche Geschichte, wir haben keinen Grund, auf sie besonders stolz zu sein, allzu viele Opfer schoben wir ab; sehen wir zu, daß wir jetzt nicht eine verlogene Geschichte betreiben. Unser Antikommunismus ist uns eingeboren, er ist unserer Struktur gemäß, im Guten und im Schlechten. Wir erdrosseln die Freiheit, wenn wir ihn wahllos als innenpolitische Waffe gegen Andersdenkende benutzen. Wen haben wir nicht schon verdächtigt, sogar Karl Barth! Auch unsere Welt ist nicht gerecht, da geht unsere Freiheit allzuoft auf Kosten der Gerechtigkeit.

HÄSLER Sie wohnen im Kanton Neuenburg. Waren es äußere oder innere Gründe, die Sie zur Wahl dieses Wohnsitzes bewogen?

FD Es waren äußere Gründe. Ich liebe diese Landschaft. Die Verkehrsverbindungen sind günstig; ich bin in wenigen Stunden in Basel, Zürich, Genf, in einer Stunde in Bern.

HÄSLER Also keine Emigration...

FD Nein, nein, es war die angenehme Lage.

HÄSLER Man spricht immer wieder vom Graben zwischen deutscher und welscher Schweiz. Existiert er wirklich? Wo sehen Sie die Gründe?

FD Der Graben existiert. Es ist ein für die heutige Schweiz zentrales Problem, daß er existiert. Ich möchte jetzt das Tessin ausklammern und nur von der deutschen und der welschen Schweiz reden und hier vor allem von den drei Kantonen Genf, Waadt, Neuenburg. Der Unterschied besteht in folgendem: Für den Deutschschweizer ist die Schweiz wesentlich eine deutschschweizerische Angelegenheit, die Urkantone, Wilhelm Tell, spektakuläre Schlachten und so weiter.

Die drei welschen Kantone kamen aus religiösen Gründen zur Schweiz. Der Calvinismus ist eine welschschweizerische Bewegung. Der Zentralismus Frankreichs und die

Bartholomäusnacht führten Genf, Waadt und Neuenburg zur Schweiz; damals bestand der Graben zwischen Katholiken und Protestanten. Heute – ich muß das auch auf die Gefahr hin sagen, daß man es mir übel nimmt – besteht der Grund, warum die Welschen Schweizer wurden, eigentlich nicht mehr. Der Gegensatz Katholisch–Protestantisch ist nicht mehr virulent. Darum ist der Welschschweizer – das ist das Paradox – in meinen Augen der bessere, kühlere, vernünftigere Schweizer. Er hat seine Freiheit, seinen Kanton, das genügt ihm. Seine Bindung an die Schweiz ist nicht so blutsmäßig, mystisch wie beim Deutschschweizer. Darum empfindet er auch den deutschschweizerischen Nationalismus als borniert, darum sieht aber auch mancher Deutschschweizer in jedem welschen Intellektuellen einen Kommunisten.

Dazu kommt ein anderer Umstand: Weil der Gegensatz zu Frankreich nicht mehr besteht – natürlich nur allgemein gesprochen, im kleinen bestehen noch viele Gegensätze –, empfindet der Welsche Frankreich gegenüber ein gewisses kulturelles Minderwertigkeitsgefühl, weitgehend, mit Ausnahmen natürlich. Der Welschschweizer leidet darunter, daß er nicht Franzose ist. So ist er zwar der kühlere, aber auch der geniertere Schweizer. Der Welschschweizer besitzt für den Franzosen keinen Schimpfnamen, ›boche‹ sagt er zu dem Deutschen und dem Deutschschweizer: er reagiert sein Minderwertigkeitsgefühl dem Franzosen gegenüber als Überlegenheitsgefühl dem Deutschschweizer gegenüber ab. Es ist ein kulturelles Überlegenheitsgefühl, das er empfindet.

Dabei stößt er auf gewisse sachliche Schwierigkeiten.

Seine angebliche kulturelle Überlegenheit ist durch nichts zu belegen, künstlerisch begabter als der Deutschschweizer ist er nicht, aber er ist kulturell der Benachteiligte: Für einen Welschschweizer ist es schwieriger, in Frankreich durchzustoßen als für einen Deutschschweizer in Deutschland. Der Franzose neigt dazu, alle französischsprechenden Nichtfranzosen geringzuachten, die deutsche Kultur ist nie zentralisiert gewesen. Um seine kulturelle Überlegenheit zu manifestieren, bleibt dem Welschschweizer daher nichts als die Sprache! Er begreift das Schweizerdeutsche nicht. Es ist für ihn ein Patois, eine schlechte Sprache. Er begreift nicht, daß der Deutschschweizer sich nicht bemüht, ebenso gut Deutsch zu reden wie der Welschschweizer Französisch. Sprache ist für ihn Sprache. Da er nichts vom Deutschen versteht, versteht er auch den Sprachunterschied nicht. Er weiß nicht, daß gerade die Spannung zwischen Dialekt und Schriftsprache Sprache erzeugt. Ich liebe diese Spannung. Ich fürchte mich nicht vor Helvetizismen, diese Furcht ist dummes Zeug. Es gibt kein akademisches Deutsch, das für den Schriftsteller verbindlich wäre. Das Deutsche ist keine abgeschlossene Sprache, es entsteht immer wieder neu, und wir haben das Recht, es immer wieder neu erstehen zu lassen; doch das begreift der Welsche nicht, er lebt in einem anderen sprachlichen Kulturkreis, er ›besitzt‹ Sprache, das Französische ist im Gegensatz zum Deutschen eine wesentlich abgeschlossene rhetorische und nicht charakterisierende Sprache. So ist nun der Graben zwischen Deutsch und Welsch eben da.

HÄSLER Das Verhältnis ist also kein gutes…

FD Es ist eigentlich kein Verhältnis. Es ist ein Nebeneinanderleben, aber kein Zusammenleben. Was fehlt, ist der Dialog, das Gespräch zwischen Deutsch und Welsch, was fehlt, ist sogar die Neugierde aufeinander, was fehlt, ist die Information. Der Welschschweizer kennt wenig von der deutschen Kultur, dabei könnte gerade er den Franzosen Einblick in die deutsche Kultur geben, er könnte auch viel aus seiner speziellen Lage machen; aber er macht nichts. Ich möchte sagen, der Deutschschweizer sei besser informiert über Frankreich und über die französische Kultur als der Welschschweizer über die deutsche.

HÄSLER Ich habe einmal in Biel gearbeitet…

FD Biel ist anders. Die Ausnahme. Dort ist das Verhältnis halb zu halb, da lebt die Bevölkerung zusammen, weil sie zusammenarbeitet. Das ist das Moderne an der Bieler Situation.

HÄSLER Sie sagten, wir seien gut informiert über Frankreich. Sind wir es auch über die welsche Schweiz? Da wäre wohl noch mehr zu tun.

FD Sicher; aber es fragt sich, was die Welschschweiz zu bieten hat. Ich sehe hier die Wirklichkeit auf dem Gebiet des Theaters. Da gibt es wenig Eigenes, oder dann wird es durchkreuzt. Das Welschland lebt vom Pariser Theaterexport. Wenn es jedoch eigene, ernsthafte Versuche gibt, werden sie kaum unterstützt, wie etwa die junge Truppe ›Théâtre Populaire Romand‹, einige junge ausgebildete Schauspieler, die für 500 Franken im Monat Abend für Abend spielen. Mit einiger Boshaftigkeit ließe sich sagen, der Welsche habe vor allem eine Redekultur, die ihn nichts koste. Es ist schwer, im Welschland etwas Kulturelles zu kreieren.

HÄSLER Glauben Sie, daß sich der Jurakonflikt* negativ auf das Verhältnis deutsche–welsche Schweiz auswirkt?

FD Gewiß. Es ist empörend, wenn die Separatisten einen Berner Bauern, dem sie das Haus angezündet haben und der vorm Bundesgericht nicht gut französisch spricht, auslachen, und noch empörender, daß er vom Bundesrichter gezwungen wird, französisch zu reden. Der Bundesrichter gehört abgesetzt. Ich meinerseits rede mit Separatisten nur noch deutsch, ich will schließlich auch was zu lachen haben. Die Separatisten fühlen sich als ein kulturell höherstehendes Volk, das von einem kulturell minderwertigen Volk beherrscht wird, eine bedenkliche Ideologie, die nur dadurch zustande gekommen ist, daß in Wirklichkeit ein echter politischer Sprengstoff fehlt, darum greifen sie denn auch zu Dynamit. Ich bin durchaus für einen jurassischen Kanton, doch den kulturkämpferischen Blödsinn lehne ich ab! Der Begriff eines jurassischen Volkes in der heutigen Schweiz ist eine Gymnasiallehrer-Konstruktion, die eminente Künstlichkeit der ganzen Problematik fällt auf, dabei gibt es im Jura auch eine echte Problematik, jene der Wiedertäufer etwa, die niemand

* Das Gebiet des heutigen Schweizer Kantons Jura war im Ancien régime Teil des Fürstbistums Basel und gehörte von 1792 bis 1815 zu Frankreich; 1815 wurde es, ohne Volksbefragung, vom Wiener Kongreß Bern als Entgelt für die verlorengegangenen Kantone Waadt und Aargau zugesprochen. Diese Einverleibung einer größtenteils französischsprachigen und katholischen Region in den protestantischen Kanton Bern führte zu sprachlich und konfessionell bedingten Konflikten. Die zum Teil blutigen Auseinandersetzungen zwischen dem 1947 gegründeten katholischen ›Rassemblement jurassien‹ und der protestantischen südjurassischen Gegenorganisation ›Force démocratique‹ führten 1959 zu einer von Bern veranstalteten Volksabstimmung über die Frage der Lostrennung vom Kanton Bern, die abgelehnt wurde; die Jurafrage blieb jedoch virulent, 1974 sprach sich die Mehrheit des Kantons Bern und der Region für die Lostrennung aus. 1978 stimmte das Schweizer Volk der Bildung eines neuen Kantons Jura zu.

anrührt. Man sollte diesem Problem einmal nachgehen und sich auch die Frage nach ihrem Schicksal stellen. Es ist wohl kein Vergnügen, heute dort oben deutschschweizerischer Wiedertäufer zu sein.

HÄSLER Sie befürworten also einen Kanton Jura?

FD An sich wäre es natürlich konstruktiver, die Jurassier würden Berner bleiben und aus ihrer besonderen Situation etwas Besonderes machen, es wäre auch für sie interessanter, und den Bernern tut das jurassische Element nur gut. Anderseits sind die Fehler der Berner ihnen gegenüber in psychologischer Hinsicht groß, auch die Berner faseln von einem bernischen Volk und von einem bernischen Staat, und ein Leitartikler kommt sogar mit dem Argument, nach dem Verlust der Waadt sei dem bernischen Staate der Verlust des Jura nicht zumutbar. Hüben und drüben sind die gleichen völkischen Ideologen am Werk. So gibt es denn wohl politisch keine andere Lösung, als einen neuen Kanton zu bilden, oder zwei Halbkantone, warum nicht, einen protestantischen und einen katholischen, scheint es auch Unsinn, so hat es doch Methode, wenn schon Gerechtigkeit, dann ganze Gerechtigkeit; und Laufen schlage sich zu Baselland. Der Jurakonflikt ist im tiefsten eine Donquijoterie, und solche Dinge lassen sich nicht vernünftig lösen, sondern nur unvernünftig; im Jurakonflikt leistet sich der kranke Föderalismus ein Satyrspiel, möge es nur nicht sein Abgesang werden.

HÄSLER Was sollte man Ihrer Meinung nach tun, um den Graben zwischen der welschen und der deutschen Schweiz zu überbrücken?

FD Ich weiß nicht, ob sich etwas tun läßt. Markus Kutter

schlägt einen regelmäßigen Austausch von Zeitungsartikeln vor, um wenigstens ein Gespräch in Gang zu bringen. Warum nicht, doch läßt sich vieles vorschlagen und vieles verwirklichen, ohne daß wesentlich die Verhältnisse geändert werden. Am guten Willen fehlt es nicht, doch läßt sich in Dingen der wahren Kultur nichts erzwingen.

HÄSLER Ein anderes Problem: der Föderalismus. Einerseits wird er ständig beschworen und mit Worten verteidigt, anderseits wird er durch die wirtschaftliche, gesellschaftliche und politische Entwicklung und Praxis immer mehr ausgehöhlt. Ist er noch Realität oder nur noch Popanz?

FD Ein Kanton ist ein historisch gewordenes Gebilde. Die Frage, ob er auch in der heutigen Schweiz seinen Sinn habe, ist berechtigt; daß die Frage überhaupt möglich ist, zeigt aber auch die Problematik des Kantons, sein Sinn ist nicht mehr unmittelbar einleuchtend. Wir erleben denn auch täglich den Zusammenprall der historisch gewordenen Schweiz mit den Forderungen der Gegenwart. Lästige Schulprobleme stellen sich, zieht man von einem Kanton in den andern, und so weiter und so weiter, die Probleme ließen sich fast endlos aufzählen; die notwendige Zentralisierung läßt sich kaum mehr aufhalten, scheint es. Aber eine völlige Zentralisierung wäre doch schade, gerade darum bin ich dann wieder für einen Kanton Jura. Wir haben eine weitgehend mögliche Demokratie entwickelt, indem wir uns durchparlamentarisiert haben. Wir besitzen Gemeindeversammlungen, Stadt- und Kantonsparlamente und dann den National- und den Ständerat. Es besteht eine große Spielmöglichkeit für den Homo politicus, und Politik ist weitgehend Spiel. Der Föderalismus ist das notwendige Gegengewicht zum

Zentralismus. Ich halte die Dramatik Föderalismus–Zentralismus für wichtig. Nur Föderalismus ist tödlich, nur Zentralismus langweilig. Die heutige Schweiz stellt einen Rahmen dar, in welchem sich gut spielen läßt; das Spielfeld ist nicht schlecht abgesteckt.

Doch noch wichtiger als der Kanton ist für den Schweizer der Ort seines Herkommens, er ist immer noch ein Bürger seiner Gemeinde. Der Mensch braucht eine überschaubare Heimat noch notwendiger als einen Staat. Durch seine Gemeinde ist er mit seinem Kanton verbunden. Jeder Kanton hat seine Geschichte, und ich halte die historische Kraft eines solchen Gebildes für größer, als wir oft annehmen.

HÄSLER Nun gibt es aber auch etwas, das ich die ›Ungerechtigkeit des Föderalismus‹ nennen möchte, dann, wenn die Bevölkerung der wirtschaftlich schwächeren Bergkantone schlechtere Start- und Lebensbedingungen hat, wie das zum Beispiel auf dem Gebiet der Schule der Fall ist.

FD Wie sich der Föderalismus entwickeln wird, weiß ich nicht; wer spielt auch gerne den politischen Propheten! Der Jurakonflikt zeigt, daß Überraschungen möglich sind; der Föderalismus kann immer wieder aufflackern, kommt der Kanton Jura, kommen vielleicht auch noch andere neue Kantone: Ich kann mir einen Kanton Oberwallis vorstellen oder daß Murten zu Bern geht; das ist alles möglich, Vernunft hin oder her! Es könnten sich aber auch nicht rentable Kantone zu einem größeren Kanton zusammenschließen, um die gemeinsamen Probleme gemeinsam zu lösen.

HÄSLER Solche Tendenzen sind ja auch vorhanden.

FD Immer noch besser als reiner Zentralismus.

HÄSLER ...der ja bei uns gar nicht denkbar ist.

FD Das wäre gegen die Struktur der Schweiz.

HÄSLER Immer wieder kommt die Frage der Neutralität in die Diskussion. Die einen sehen in ihr eine unverrückbare, ewige Staatsmaxime, die andern bloß einen überholten Hemmschuh auf dem Weg zur europäischen Einigung. Was meinen Sie dazu?

FD Die Neutralität ist die politische Haltung eines Kleinstaates, der seine Freiheit bewahren will. Der Neutrale ist möglichst ungefährlich und möglichst nützlich. Neutralität ist eine List, sie gehört zur Kunst des Kleinstaates, durch die Welt zu kommen. Ich halte den Kleinstaat für eine der glücklichsten politischen Erfindungen. Der Mensch als Bürger einer Großmacht wird nicht besser dadurch, daß er einer Großmacht angehört, aber leichter politisch benebelt und damit gefährlich. Dem Kleinstaat muß man seine politischen Waffen erhalten. Darum halte ich die listige Formel der Neutralität immer noch für brauchbar. Nur haben wir sie vermoralisiert und ideologisiert. In Wirklichkeit ist die Formel der Neutralität politisch kühl und berechnend. Die Schweiz könnte politisch entschlossener handeln, als sie das meistens tut. Neutralität gestattet ein politisches Mitspielen oder ein politisches Passen je nach Fall.

HÄSLER Sollten wir in die UNO eintreten?

FD Eine Frage nach der politischen Taktik. Ich glaube, es war politisch klug, daß wir in die UNO nicht eingetreten sind; wir sind ja auf eine gewisse schweizerische Weise trotzdem drin, und so sollten wir auch jetzt nicht eintreten. Gerade durch unseren Nichteintritt spielen wir trotzdem mit.

Die UNO ist zu zerrissen und an sich zu fragwürdig; sie braucht geradezu eine Schweiz, die ihr nicht beigetreten ist, und so finden wir immer wieder Möglichkeiten, uns brauchbar zu machen, zum Beispiel bei Fidel Castro.

HÄSLER Sie verstehen also unter Neutralität eine initiative Politik, nicht zögerndes Abwarten?

FD Wir sollten ein Beispiel sein. Nicht ein allgemeines, sondern ein spezielles. Vielleicht sage ich lieber, wir sollten zur internationalen Politik Einfälle beisteuern. Mit unserem Verhalten. Darum bin ich gegen die Atombewaffnung. Mit der Atombewaffnung können wir nicht mehr neutral sein. Jetzt sind wir neutral. Wir brauchen nicht einmal unsere Friedensliebe zu betonen, jedermann glaubt sie uns; wir sind schließlich ein kleiner Staat. Ein Schaf braucht nicht zu schreien, es sei für den Frieden, seine Friedensliebe steht nicht zur Diskussion, aber die der Wölfe. Zieht jedoch das Schaf einen Wolfspelz an, muß es immer wieder schreien: ›Ich bin ein Schaf, ich bin kein Wolf! Ich bin für den Frieden!‹, damit es nicht von den Jägern als Wolf abgeschossen wird. Doch die Jäger sind mißtrauisch; sie könnten das verkleidete Schaf nur deshalb abschießen, weil es vielleicht doch ein Wolf sein könnte.

So ein Wolfspelz wäre für uns die Atombewaffnung, mit der sich unsere Armeeführung geistig beschäftigt. Es ist daher eine Pflicht jedes Bürgers, sich mit unserer Armeeführung geistig zu beschäftigen. Eine Abschreckungsstrategie, die, wenn es mißlingt, den physischen Untergang des Schweizervolkes nach sich ziehen kann, halte ich für ein Verbrechen. Der Untergang der schweizerischen Armee ist noch lange nicht der Untergang der schweizerischen Nation.

Das herbeiführen zu wollen ist Nibelungenstrategie. Ein Ende mit Schrecken. Es gibt andere Formen und Möglichkeiten des Widerstandes, nicht zuletzt menschlichere, würdigere. Kleinstaaten sind zäh, ihre Struktur ist kompakt. Die Idee, sie mit Atomwaffen auszurüsten, ist unsäglich primitiv, der Ausdruck gerade jener politischen Einfallslosigkeit, die ich meine.

Es stellt sich auch nicht die Frage, ob wir uns diese Waffen finanziell leisten können; natürlich können wir sie uns finanziell leisten. Aber es stellt sich die Frage, ob die Schweiz nicht an sich ein Staat sei, der es sich leisten könne, auf die Atomwaffe zu verzichten: Ich bin Schweizer, weil ich noch glaube, daß die Schweiz ein solcher Staat sei. Die Schweiz ist im Grunde ein Wagnis, die Neutralität ein Ausdruck dieses Mutes. Wer Atomwaffen fordert, will eine Maginotlinie, träumt von absoluter Sicherheit, hebt die Schweiz als Wagnis auf. Die Idee, die Schweiz könne sich mit Atomwaffen ausstaffieren, beleidigt geradezu meinen natürlichen Patriotismus.

HÄSLER Glauben Sie, daß der Staat, die Regierung Friedensinitiativen ergreifen sollte, wie es gelegentlich gefordert wird? Für atomwaffenfreie Zonen zum Beispiel?

FD Ich bin skeptisch. Die Appelle der Kleinstaaten nützen wenig. Ich glaube, die Schweiz sollte einfach keine Angst haben. Sie könnte frecher sein. Sie sollte ein sehr freches Land sein, die Auseinandersetzungen, das Gespräch nicht fürchten. Das wäre wichtiger als spektakuläre Initiativen. Ich bin gern Schweizer. Die Möglichkeit, in einem Staat zu leben, der, wenn etwas schiefgeht, nicht gerade unbedingt eine Weltkatastrophe auslöst, ist eine Chance. Die Schweiz macht den Menschen bis zu einem gewissen Grade frei, weil sie in seinem Kopf nicht zum unlösbaren Problem wird. Der Schweizer braucht nicht immer an die Schweiz zu denken. Ich beurteile einen Staat nach seinem Nutzen. Er ist für den Menschen da, nicht umgekehrt. Wieviel Freiheit läßt er uns? Die Zeit, die er uns nicht stiehlt, ist wichtig. Die Schweiz macht einem Zeit frei, schafft ein Arbeitsklima, man braucht sich in der Schweiz nicht immer zu ärgern. Natürlich muß gekämpft werden; auch unserem Staate ist auf die Finger zu schauen. Man kann die Schweiz von heute nicht heroisieren, aber man kann sie auch nicht verteufeln; das gilt nicht nur für die Vergangenheit, auch für ihre Gegenwart. Die Schweiz ist kein Experiment, das abgebrochen werden muß. Karl Kraus schrieb einmal: »Ich verlange von einer Stadt, in der ich leben soll: Asphalt, Straßenspülung, Haustorschlüssel, Luftheizung, Warmwasserheizung. Gemütlich bin ich selbst.«

HÄSLER Experiment Schweiz. Experiment heißt Versuch – Sie sagten Wagnis ...

FD Wir haben Aufgaben, die wir noch lösen können. Sie sind uns noch nicht über den Kopf gewachsen. Noch nicht. Soll das nicht der Fall sein, braucht die Schweiz Kritik. Der Schweizer hat kritisch zu sein, sich selbst gegenüber und gegenüber seinen Politikern. Damit steht es leider nicht zum besten. Der Schweizer erträgt die Kritik nicht gut. Nicht nur in Deutschland, auch in der Schweiz fühlt sich die Regierung als Obrigkeit und der Regierte als Untertan. Der Schweizer ist ein Untertanenmensch; es liegt ihm zum Teil im Blute. Es stimmt ja auch nicht, daß die Schweiz immer eine vollkommene Demokratie war. Wir dichten unsere Vergangenheit ebenso um wie die Russen ihre Geschichte. Wem haben die Schweizer gedient? Den Fürsten, weil sie bezahlten. Europa wurde nicht zuletzt durch unsere Söldner geknebelt, und wir sind immer noch stolz auf den sinnlosen Untergang der Schweizergarde in Paris. Es war ein falsches Heldentum; die Schweizergarde war das Sinnbild der Tyrannei.

HÄSLER Untertanenmensch – ein hartes Wort. Darauf müßten wir näher eingehen. Sind wir autoritätsgläubig? Herrscht bei uns vielleicht doch kein offenes, echtes Gespräch?

FD Es war bedenklich, wie man zum Beispiel die einundfünfzig Leute, die den Aufruf zum Vietnamkrieg unterschrieben haben, diffamierte. Die Schweiz fühlt sich genötigt, amerikanischer als die Amerikaner zu sein. Es war bedenklich, wie man die Atomgegner verdächtigte oder den Bieler Lehrer [Arthur] Villard, der sich für eine vernünftige Behandlung der Militärdienstverweigerer einsetzt. Daß man heute noch Militärdienstverweigerer aus Gewissensgründen vor Gericht zieht, als ob unsere so populäre Armee ihretwegen zusammenkrachen würde, ist lächerlich und unmenschlich. In der Schweiz stimmt noch so vieles, daß wir es uns leisten könnten, großzügig zu sein; aber wir sind kleinlich und pedantisch bis zum Exzeß.

HÄSLER Da müßten wir also über den Unterschied zwischen politischem Schein und politischer Wirklichkeit reden.

FD Der Unterschied ist gewaltig. Es ist merkwürdig: Die Schweizer haben aus einem Instinkt heraus etwas Interessantes und Nützliches geschaffen, ein reiches demokratisches Instrumentarium, aber sie handhaben es schwerfällig und ängstlich und manchmal unmenschlich. Die Schweiz ist geradezu der Angsthase Europas geworden. Schon im Kriege haben uns unsere Polizeiorgane mehr geschadet, als sie uns mit der Handvoll Verräter genützt haben, die sie einfingen, und auch jetzt schaden sie unserem Rufe mehr, als sie uns nützen, wir laufen Gefahr, ein Polizeistaat mit demokratischer Fassade zu werden; jeder Esel, der sich amtlich befugt hält, kann mich abhören.

Der Schweizer wird frei geboren, aber dann tritt er ins Geschäftsleben ein. Die Umwelt formt den Menschen, die Arbeitsbedingungen das Arbeitsklima, die Kollektive, mit denen wir unser Gespräch begannen; auch in der bürgerlichen Welt wagt die Freiheit nur leise zu trommeln und mit Erlaubnis der Polizei. Dazu kommt, daß der Schweizer wie andere Kleinstaatler mit Minderwertigkeitsgefühlen zu kämpfen hat; was vom Welschschweizer gegenüber Frankreich gilt, gilt vom Schweizer gegenüber der Welt, gilt auch für seine Behörde.

Der Schweizer ist ohne Humor sich selber gegenüber. Ein im Kabarett verulkter Professor antwortet in einem beleidigten Artikel; selbstverständlich ist der Mann im Recht, doch erst jetzt wird er komisch, weil er sich als Politiker, der er auch sein will, außer Gefecht setzt: Ein Politiker muß Angriffe einstecken können, unsere Bundesräte können es. Der Schweizer fühlt sich allzuleicht in seiner Würde angetastet, in seinen Prinzipien in Frage gestellt, ständig fordert er Respekt. Eine Diskussion im Fernsehen zeigte es eindrücklich. Da fragten junge Schweizer einige Parlamentarier, ob es denn richtig sei, daß man den Gulliver an der Expo zensuriere.* Darauf kam gleich von seiten der Parlamentarier die Gegenfrage: »Vertrauen Sie den schweizerischen Behörden?« Sofort prinzipiell. Fragen an sich sind schon beleidigend.

Die Behörden sind bei uns weitgehend autonom geworden, und wir kennen ja noch nicht einmal ein Verwaltungsgericht; aber damit noch nicht genug, die Behörden verlangen auch vom Bürger ein absolutes Vertrauen. Mit welchem Recht? Daß sie vom Bürger gewählt sind, ist kein Alibi. Der Bürger wählt sie nicht, weil er ihnen vertraut, sondern weil er es mit ihnen versuchen will. Ob er ihnen vertrauen kann, erweist sich von Fall zu Fall. Doch unsere Behörden fassen Volkesstimme wie Gottesstimme auf und leiten daraus ihren Absolutismus ab, so wie einst die Fürsten den ihren von Gott. Volkesstimme ist nicht Gottesstimme; ein Volk kann eine schlechte Behörde wählen, ein Volk kann getäuscht und betrogen werden, darum muß das Volk die Behörde kontrollieren und gegen sie auch gerichtlich vorgehen können, sie zur Rechenschaft ziehen. Das können wir an sich theoretisch, aber sind wir charakterlich dazu geeignet? Der Schweizer duckt sich vor der Behörde, wir besitzen denn auch keine wesentliche Opposition mehr, alles ist an der Regierung beteiligt, und die Behörden sind unter sich.

* Dazu notierte die ›Neue Zürcher Zeitung‹ am 16./17. 9. 1989 in einem Rückblick auf die Schweizer Landesausstellung (Expo) 1964: »Populär und witzig war die Idee, Gulliver, einen ›Ausländer‹, seine Beobachtungen über die Schweizer anbringen zu lassen. Die physisch dargestellte Romanfigur gab ihre Urteile aufgrund der Antworten ab, die der Besucher auf einem Fragebogen angegeben und ein Computer verarbeitet hatte. (Als Grundlage hatte die soziologische Meinungsumfrage gedient, die zur Vorbereitung der Expo bei Forschern der Sorbonne in Auftrag gegeben worden war und dann auf Druck des Bundesrats unter Verschluß kam.)«

Der Schweizer scheint mir manchmal für die schweizerische Verfassung nicht mehr geeignet zu sein, er *will* sich verwalten, bevormunden lassen. Das Parlament ist schon längst nicht mehr der Spiegel des Volkes in der Weise, daß unser Volk in unserem Parlament auch seiner Struktur nach vertreten wäre: Das Parlament ist der Spiegel der Behörde, die Behörde spiegelt sich im Parlament selber. Weitgehend. Der Parlamentarier ist nicht mehr im Bilde, kann nicht mehr im Bilde sein, die Verwaltung ist zu kompliziert und gegen das Parlament hin abgedichtet, die nötigen Informationen fehlen, die Übersicht, er ist weitgehend ausgeschaltet. Unser Parlament wurstelt aus Zeitnot und ist trotz einiger Individualisten seiner Zusammensetzung nach langweilig, denn auch unsere Parteien täuschen ein politisches Leben nur noch vor, sie entsprechen nicht mehr der Wirklichkeit, ebensowenig wie die Kirchen der religiösen Wirklichkeit entsprechen. Gleich und gleich gesellt sich gern – was für einen Verein eine nette Maxime ist, ist für ein Parlament lähmend. Zum Glück haben wir die PdA [Partei der Arbeit], ein harmloses Steinchen im harmlosen Teich, die Wellen sind kaum bemerkbar. Unser Parlament hat nicht an sich, sondern in sich keine Dramatik mehr und damit nur noch geringe Durchschlagskraft.

HÄSLER Sie sagten Zeitnot. Tatsächlich, welcher Politiker hat noch Zeit, die wichtigen Fragen gründlich zu durchdenken und damit die zeitgemäßen Änderungen vorzubereiten.

FD Änderungen müssen kommen, nicht nur das Frauenstimmrecht, wir haben uns in vielem in eine evolutionäre Sackgasse verrannt, wir fühlen dumpf, daß Änderungen fällig wären, nur wissen wir nicht genau, welche und wie. In der Regel finden die Änderungen in der Politik dann statt, wenn das Neue mit Gewalt einbricht, bei Revolutionen und Niederlagen. Was verdankt die Schweiz nicht ihren Niederlagen, Marignano, Napoleon; die Gnädigen Herren von Bern wurden nicht vom Volkszorn weggefegt, das Volk war zu wenig freiheitsliebend, zu geduldig, zu gleichgültig. Die alte Schweiz ging durchaus nicht heldenhaft unter. Leider sprechen wir in unseren Augustreden immer nur von Morgarten und Sempach. In solchen Katastrophen werden die Änderungen von selbst fällig, sie kommen, weil sie sein müssen.

Doch wer wünscht sich schon eine allgemeine Katastrophe herbei, um den Teufel mit dem Beelzebub auszutreiben. Wir haben die nötigen Änderungen ohne Katastrophe durchzuführen, das heißt gegen die menschliche Natur, die dazu neigt, mehr dem Zwang als der Vernunft zu gehorchen. Wir haben daher Ideen zu haben, denn ohne zündende Ideen gibt es keine Änderung. Diese Ideen fehlen. Im Grunde ist jedermann ratlos, auch ich. Nun fallen Ideen nicht vom Himmel, sie sind logisch konstruierbar, doch wer soll sie konstruieren und entwickeln? Ohne eine gewisse Narrenfreiheit, ohne ein Gran Leichtfertigkeit und ohne Übermut kommen Ideen nicht so leicht zustande.

Unsere Parteien und unser Parlament sind dazu nicht geeignet, sie nehmen sich zu seriös, ihr Instinkt ist auf Macht gerichtet, und Macht heißt in der Schweiz, Behörde zu werden, das Vorhandene zu verwalten, aber nicht Neues vorzuschlagen.

Vielleicht ist ein Schattenparlament zu gründen, finanziert von der Wirtschaft, ein Parlament, das sich grundsätzlich anders zusammensetzt als der Nationalrat, ein Parlament der Parteilosen, denn es wäre die erste Voraussetzung für einen solchen Parlamentarier: Er dürfte keiner Partei und keiner Behörde angehören und müßte einen freien Beruf ausüben, und wäre er noch so ausgefallen; ein Parlament ohne Macht, aber mit Einfällen, ein Parlament vom andern Extrem her. Gerade eine solche freiheitliche Instanz könnte gewisse Fragen unbelasteter untersuchen, könnte unsere Lage genauer analysieren, feststellen, was in der Schweiz Wirklichkeit sei und was nur Schein, wer eigentlich regiere und wer nur geschoben werde und, vor allem, wer nun eigentlich für was verantwortlich sei. Denn irgend jemand ist immer verantwortlich, auch in der Demokratie. Gerade ein solches Parlament, das nicht gewählt wird, sondern sich frei zusammenspielt, wäre imstande, unkonventionell und gleichsam als Geistesspiel betrieben, die Schweiz als Fall zu untersuchen.

HÄSLER Fragen Sie, welche Politiker Sie wollen, konservative, freisinnige, sozialdemokratische – alle sind einverstanden, daß unsere Situation untersucht, unsere Probleme geprüft werden.

FD Man ist einverstanden, aber es geschieht nichts. Man macht alles, aber alles nur halb. Jede Behörde kann sich ausweisen, daß sie wohlwollend ist, aber dennoch mißbraucht sie ihre Macht, weil sie immer als ein Kollektiv stärker ist als der Einzelne. Sie nützt zwangsläufig ihre Position aus. Es stellt sich daher die Frage, ob unsere demokratische Verfassung nicht doch utopisch sei, ob wir nicht die Demokratie zwar haben, aber sie nicht anwenden. Vielleicht kann der Mensch für die Freiheit nur kämpfen, aber nichts Wesentliches mit ihr anfangen, hat er sie einmal erkämpft. Wir Schweizer wissen im allgemeinen wirklich nichts Wesentliches mit unserer Freiheit anzufangen, es fällt nicht leicht, das zuzugeben. Vielleicht ist in der Schweiz das Ende der Politik gekommen, weil die Politik erreicht hat, was mit der Politik zu erreichen ist. Vielleicht ist eine Welt, die politisch in Ordnung ist, menschlich noch lange nicht in Ordnung. Wie es nun auch sei, der Schweizer hat gelernt, in den gegebenen Verhältnissen zu leben, ohne sie noch wesentlich verändern zu wollen, weil das, was er hat, zwar nicht ideal, aber relativ anständig ist.

Im *Herkules* sagte ich einmal: »In der elischen Politik ist es nie zu spät, doch stets zu früh.« Grundsätzlich sind ja die meisten Probleme lösbar, aber wir leben nicht in einer Welt der Probleme, sondern in einer Welt der Konflikte. Was fraglich ist, ist immer das gleiche: ob die Welt auch verwirkliche, was sie könnte. Wird die Schweiz verwirklichen, was sie könnte? Von dieser Frage beunruhigt, habe ich den *Herkules* geschrieben. Man könnte ausmisten, man hat die Möglichkeit dazu, aber es wird nicht ausgemistet. Es kommen die Sonderinteressen, die Kommissionen. Warum? Weil das Ausmisten zu weit geht, man will zwar, man wünscht es, aber so dringend ist es auch nicht, man kann ja leben. Das, glaube ich, ist das menschliche Verhalten gegenüber den Konflikten, in die wir verstrickt sind. Wie wir sie als Probleme lösen können, wissen wir; wir begnügen uns damit, sie gedanklich gelöst zu haben; aber die Konflikte, die den Problemen zugrunde liegen, lassen wir weiterbestehen, wir richten uns in ihnen ein.

Wir schieben die Zukunft vor uns her. Jede Generation

hofft, noch in der Vergangenheit leben zu können. Die Verhältnisse sind nicht so, daß ich nun mit dem Revolver in der Hand auf die Barrikade steigen müßte. Es gibt keine Barrikaden mehr. Man weiß nicht, was man tun soll, und so tut man nichts.

HÄSLER Im *Herkules* tönen Sie aber am Schluß eine Möglichkeit an.

FD Ich habe das Bild des Gartens gebraucht. Das ist heute ein gefährliches Bild, es ist auch mißverstanden worden, weil es nach Blut und Boden schmeckt; ich brauchte es aus einem gewissen schriftstellerischen Hochmut heraus, ich dachte, *ich* würde nicht mißverstanden, und so fiel ich mit Recht durch: Voraussetzen darf man heute nichts mehr. Ein Garten ist für mich das Antirevolutionärste, das Bild der Evolution. Eine Evolution braucht Zeit. Sie kommt durch die Natur zustande, im Falle des Gartens durch weise gelenkte Natur, sie geschieht trotz der Politik. Aber ich habe auch das Bild des Unzufriedenen gebraucht. Es braucht den ewig Unzufriedenen, den ewigen Kritiker, also gerade das, was dann die Gesellschaft als nihilistisch empfindet.

So hat die Schweiz zwei Seiten, eine genügende und eine ungenügende. Sie ist ein guter Boden für den Schaffenden; er kann sie vergessen. Sie ist etwas Sekundäres, sie ist kein Lebensinhalt, sondern eine Gewohnheit, ein Lebensboden. Aber handkehrum ist die Schweiz wieder etwas Quälendes und Empörendes, und ich kann mir durchaus Schweizer denken, denen gerade deshalb die Schweiz wieder zum Lebensinhalt wird.

HÄSLER Hat es denn in den letzten fünfzig Jahren je so viele Kritiker unter den Schriftstellern gegeben wie gerade heute? Ist jemals so viel in Frage gestellt worden? Übrigens nicht nur von der Literatur.

FD Der heutige Intellektuelle und damit auch der heutige Schriftsteller denkt nicht mehr national, er denkt ›global‹, um einen Modebegriff zu brauchen, um etwas feierlich auszudrücken, daß er sich bemüht, über die eigene Kirchturmspitze hinauszusehen. Die Kultur nimmt internationale Züge an, differenziert nach Herkommen und Sprache, gerade in den industriell entwickelten Staaten. Gleiche Probleme schaffen gleiche Kulturen. Doch ist nicht zu übersehen, daß sich die Schriftsteller und Intellektuellen auch überall mehr oder weniger in Opposition dem Bestehenden gegenüber befinden, gleichsam als Ausdruck der mehr oder weniger spürbaren Unruhe, die überall herrscht.

HÄSLER Aber eben: Es herrscht doch Unruhe! Es ist nicht nur Zufriedenheit, so weit man blickt.

FD Die Schriftstellerei ist seit jeher ein exakter Seismograph gewesen. Doch ist dieses allgemeine Mißbehagen an der offiziellen Politik nicht der eigentliche Grund, der den Schriftsteller in die Opposition treibt, denn sein Mißbehagen ist anderer Art. Er hat von Berufs wegen, was die Politiker selten haben (auch von Berufs wegen, ist man geneigt zu sagen): Vorstellungskraft. Er sieht die Wirklichkeit und die Möglichkeit auseinanderklaffen, und er ist neugierig auf die Zukunft. So stößt er in die Lücke vor, die die Politik nicht ausfüllt; denn überall fehlt eine echte politische Opposition, nicht nur bei uns, sogar in England.

Opposition ist nur noch Traditionssache, sogar die kommunistischen Parteien sind auf dem Wege der Tradition. Daß diese kritische Situation auch auf das Verhältnis Politiker–Schriftsteller abfärbt, ist natürlich. Man braucht auch hier nicht nur an Deutschland zu denken. Wenn in der Schweiz ein Nichtpolitiker über Politik spricht, wird er belächelt und als politisch naiv, als ›nützlicher Idiot‹ hingestellt, und [Walter Matthias] Diggelmann brachte es schon zum Gartenzwerg. Ein scheidender Großratspräsident [Ernst Bircher], ein bernischer Sozialdemokrat, nannte mich jüngst vor dem Parlament einen Totengräber der Demokratie. Der ›Bund‹ nannte die Rede »magistral«. Der Sozialdemokrat wollte sagen, ich schaufle der Demokratie das Grab. Es fragt sich nur, wer dann die Demokratie umgebracht habe. Der Mann soll sich einmal seine Hände betrachten. Sie sind rot.

HÄSLER Vielleicht war auch das ein Ausdruck versteckten Minderwertigkeitsgefühls...

FD Politik ist eine Angelegenheit, die vor allem die Nichtpolitiker angeht, sie stellen das Hauptkontingent der Opfer der Politik dar. Darum scheint es mir auch so wichtig, daß sich Leute wie Frisch zu politischen Fragen äußern.

HÄSLER Das eben kann die Rolle manchen Schriftstellers sein, herauszufordern, zum Nachdenken zu zwingen, das Gespräch anzuregen, in gewissem Sinne die Funktion der Opposition zu übernehmen.

FD Es hängt von der Rolle ab, die ein Schriftsteller zu spielen versucht. Der Schriftsteller kann sich heute nicht mehr für eine Partei engagieren. Grass hat es noch einmal versucht, das Resultat war tragisch-komisch; Grass wollte eine Partei, und die Partei wollte ihn nicht. Nun, die Sozi haben bei uns jetzt den [Hans Rudolf] Hilty, das Resultat ist nur noch komisch, in die sozialistische Gralsburg ist endlich ein Parzival eingezogen.

Was mich betrifft, so scheue ich mich nicht, mich politisch zu äußern. Das tue ich jedoch als Privatmann und nicht als Schriftsteller, der sich irgendeiner Partei verpflichtet hat. Ich kann mich über die Sozialdemokraten ärgern, sie da ablehnen, wo ich mit ihnen nicht einverstanden bin, und sie anerkennen, wo sie anzuerkennen sind. Die heutige Schweiz verdankt der Sozialdemokratie fast alles, diese war die große Widerstandspartei des Zweiten Weltkrieges, sie betrieb echte Opposition, aber sie löste sich gleichsam in den Regierungsämtern auf, die ihre Führer übernahmen. Sie wechselte den Standort, aufgerieben im Zwiespalt zwischen Ideologie und Opportunismus – und ward nicht mehr gesehen. Das zuzugeben fiele einem Sozialdemokraten schwer, wahrscheinlich dürfte er es nicht, wollte er einer bleiben.

## *Zur Dramaturgie der Schweiz*

*Dramaturgie vom Stoffe her:* Eine Untersuchung über einen bestimmten Stoff auf seine Möglichkeiten hin, auf der Bühne dargestellt zu werden. Eine Dramaturgie der Schweiz: Eine Untersuchung der Möglichkeiten, die Schweiz auf der Bühne darzustellen, oder, spezifischer, eine Untersuchung der Möglichkeiten, aus bestimmten Konflikten und Aspekten der Schweiz Theater entstehen zu lassen. Doch ist der Gegenstand der Untersuchung noch zu präzisieren: Nicht die historische Schweiz, die Schweiz der Gründungszeit usw. ist der Gegenstand dieser Dramaturgie, sondern die heutige Schweiz und damit, als der Ausgangspunkt dieser Dramaturgie, die Schweiz, aus der die heutige Schweiz hervorging, die Schweiz in der Zeit des Zweiten Weltkrieges. Aus dieser Zeit ist die heutige Generation hervorgegangen, die Frage nach ihrer Vergangenheit meint ihr Verhalten während dieser Zeit. Die Gründung der Eidgenossenschaft ergab Theater, Welttheater: Schillers *Wilhelm Tell.* Die Frage lautet daher: Gibt die heutige Schweiz und ihre unmittelbare Vergangenheit Welttheater her? Lokales Theater gibt jeder Stoff her, in seiner künstlerischsten Form ist es das Kabarett, das gerade davon lebt, vom lokalen und lokal begriffenen Stoff auszugehen, und hervorragendes Kabarett besaß die Schweiz während des Zweiten Weltkrieges und auch heute, immer. Doch die Dramaturgie meint das Welttheater: Theater muß überall verständlich sein, ohne den Willen, Welttheater hervorzubringen, ist die Dramaturgie eine bloße Ansammlung theatralischer Küchenrezepte. Doch wird die Frage nach dem schweizerischen Theater heute anders gestellt, nicht ohne moralischen und politischen Vorwurf: Die Meinung ist aufgekommen, daß ein Theater, indem es sich eine unbewältigte Vergangenheit zum Stoffe setze, diese Vergangenheit auch nachträglich bewältige, so daß denn die Frage lautet, auf die Schweiz transponiert, warum denn eigentlich die schweizerischen Dramatiker nicht die schweizerische unbewältigte Vergangenheit bewältigten, warum es kein schweizerisches Theater über die Schweiz im Zweiten Weltkrieg gebe, denn es gibt keins, und auch Frischs *Andorra* ist kein Theater darüber: Indem Frisch eintreten läßt, was nicht eintrat und was so, wie es Frisch eintreten läßt, auch nirgendwo gerade so eintrat, ist ›Andorra‹ wesentlich nicht die Schweiz, obgleich Frisch offensichtlich die Schweiz meint. Frischs symbolisches Schicksal, das er über ›Andorra‹ verhängt, ist mit keinem faktischen politischen Schicksal eines überfallenen, geschweige denn eines nichtüberfallenen Landes identisch und gerade deshalb kein Modellfall eines Schicksals (was nicht heißen will, daß ›Andorra‹ die Schweiz nichts angehe). Die Antwort ist leicht zu geben. Der Grund, weshalb die Schweiz keine Theaterstücke über ihre unbewältigte Vergangenheit besitzt, liegt einfach darin, daß die Schweiz keine unbewältigte Vergangenheit aufweist.

*Aspekte einer bewältigten Vergangenheit:* Wer einen Stoff dramatisch behandeln will, prüfe ihn vorerst auf seine dramaturgische Tragfähigkeit hin. Dramaturgisch tragfähig ist das Exemplarische, das Gleichnishafte usw., dramaturgisch fragwürdig das nur regional Verständliche, das allzu Spezielle. Wollen wir die Schweiz als dramatischen Stoff behandeln, müssen wir sie deshalb dramaturgisch durchdenken. Was gibt ihre Vergangenheit dramaturgisch her, was die Gegenwart? Dramaturgisch denkt man einen Stoff durch, indem man seine menschlichen und politischen Aspekte untersucht. Die Aspekte eines Stoffs bestimmen sein dramatisches Gefälle, sie lassen sich in die dramaturgischen Spielregeln umwandeln, die im Stoff enthalten sind. Natürlich läßt sich jeder Stoff so lange dramaturgisch umformen, bis er dramatisch wird, je weniger dramaturgische Kunstkniffe er jedoch braucht, um dramatisch zu werden, desto dramatischer ist der Stoff: Seine Aspekte sind dann an sich dramatisch, an sich dramaturgisch wirksam. Durchdenkt man unter diesen Voraussetzungen unsere Vergangenheit, ergeben sich folgende Aspekte: Die Schweiz hatte politisch nur eine Aufgabe zu lösen, die alle andern politischen Aufgaben nebensächlich machte, die sich damals noch stellten: Den Krieg vermittels ihrer Politik zu vermeiden, und sie vermied ihn vermittels ihrer Politik. Eine andere Frage ist natürlich, wie sie ihn vermied. Unsere Politik war so, wie wir selber waren, so wie unsere Politik jetzt ist, wie wir selber sind. Die Politik ist nicht besser als die Menschen, die sie betreiben; ein Satz, der sogar dort zutrifft, wo man sich einbildet, die Politik sei eine Wissenschaft. So zogen wir uns denn schweizerisch aus einer unmenschlichen Lage: Nicht unklug, mit hohem moralischen Anspruch und mit moralisch oft bedenklicher Praxis. Neutralität ist eine politische Taktik, keine Moral. Neutralität ist die Kunst, sich möglichst nützlich und möglichst ungefährlich zu verhalten. Wir waren auch Hitler gegenüber möglichst nützlich und möglichst ungefährlich. So sparte er uns für die Siegesfeier auf, und wir wurden nicht gefressen, damit hatten wir spekuliert. Unser Land war eingekreist. Wir waren uneiniger, als wir jetzt sind. Als bürgerliche, gegen den Marxismus konzipierte Ideologie stieß der Nationalsozialismus bei uns auf weniger Widerstand als heute der Kommunismus, doch waren im Bürgertum die demokratischen Kräfte stark, und es gab noch eine echte Sozialdemokratie. Unsere Fehler und unsere Tugenden, unsere Feigheit und unser Mut, unsere Unterlassungen und unsere humanen Gesten, unsere Dummheit und unsere Klugheit, unser Nachgeben und unser Widerstand dienten unbewußt und bewußt nur dem Ziel, davonzukommen. Und so kamen wir denn davon. Wir lavierten uns zwischen den Beinen des Dinosauriers hindurch ins Freie. Auch mit Glück, gewiß. Doch ist davongekommen zu sein eine Entschuldigung, die politisch genügt; in einer unanständigen Zeit ist nur relativ eine anständige Politik möglich. Unser Davonkommen war nicht vorbildlich, auch eine erfolgreiche Politik hat ihre bitterbösen Seiten. Wir ließen unsere Opfer nicht ins Land oder schoben sie wieder über die Grenze und damit aus unserem Bewußtsein. Wir hatten Verräter, wir erschossen sie, wir hatten Mitläufer, wir vergaßen sie, wir hatten Antisemiten, wir haben sie noch. Wir bewährten uns, indem wir es nicht ganz zur Bewährung kommen ließen, wir hielten an unseren Idealen fest, ohne sie unbedingt anzuwenden, wir schlossen die Augen, ohne gerade blind zu werden. Tell spannte zwar die Armbrust, doch grüßte er den Hut ein wenig – beinahe fast nicht –, und das Heldentum blieb uns erspart.

*Aspekte der politischen Folgen unserer bewältigten Vergangenheit:* Eine Vergangenheit ist dann dramaturgisch wichtig, wenn wir aus ihr Schlüsse für die Gegenwart zu ziehen vermögen. Ein Stück gegen die Reisläuferei ist allein deshalb kein besonders glücklicher Stoff, weil es heute bei uns keine nennenswerte Reisläuferei mehr gibt. Schlüsse aus der Vergangenheit für die Gegenwart ziehen wir am leichtesten dann, wenn wir die Vergangenheit mit der Gegenwart gleichsetzen. Davon lebt weitgehend unsere Politik, es ist gleichsam ihr dramaturgischer Kniff. Sie setzt Kommunismus gleich Nationalsozialismus. Unsere absolute Gegnerschaft gegen den Kommunismus leiten wir gern von unserer Erfahrung mit Hitler ab, während in anderen Staaten, deren Erfahrung mit den Nazis eine wirkliche Erfahrung war, die Furcht vor dem Kommunismus weit undrastischere Formen annimmt als bei uns. Es ist deshalb gerade für eine Dramaturgie der Schweiz wichtig, die Zaubergleichung zu überprüfen, stimmt der Schluß, den wir aus der Vergangenheit ziehen, ist der Kommunismus wirklich dem Nationalsozialismus gleichzusetzen, sind die Möglichkeiten zu dramatischen Stoffen groß, denn der Sinn der Formel ist klar, der Zweite Weltkrieg wird fortgesetzt in Form des kalten Krieges, wir sind vom Kommunismus bedroht, wie wir von den Nazis bedroht waren, wir leben in einer Welt, in der die Freiheit gegen die Diktatur kämpft. Nun ist es selbstverständlich wahr, daß der Kommunismus unsere Freiheit bedroht, aber nur insofern unsere Freiheit nicht stimmt. Ich halte zwar das Ziel des Kommunismus, die klassen- und staatenlose Gesellschaft, für eine Utopie, doch sein paradoxes Resultat, neue Staatsformen mit neuen Klassen zu schaffen, für etwas relativ Bleibendes. Den Faschismus dagegen halte ich für etwas Zyklisches, Nazis wird es immer wieder geben. Weil nun alles Bleibende sich wandelt, wandeln sich auch die kommunistischen Staatsformen. Sie gruppieren sich um und gegeneinander. Sie hindern sich selbst an einer kommunistischen Weltregierung. Sie normalisieren sich, wenn auch nicht gleichzeitig. Sie arrangieren sich je nach Möglichkeit mit der Außenwelt, und die Außenwelt arrangiert sich mit ihnen. Wir müssen uns daher mit der kommunistischen Welt und mit ihrer Evolution abfinden und auch damit, daß es in der freien Welt, wie wir sie nennen, schlimmere Regierungsformen gibt als ein kommunistisches System. Was gegen den Kommunismus ist, ist noch lange nicht für die Freiheit. Der Kommunismus ist nicht das Schlimmste, er bedeutet für viele Länder einen wirklichen Fortschritt, wenn auch nicht für alle. Wir müssen uns mit dem Kommunismus nicht momentan, sondern dauernd auseinandersetzen. Koexistenz ist deshalb keine List, sondern eine Notwendigkeit. Was wir als List anschauen, sind nur die ideologischen Ausreden der Kommunisten, mit denen sie ihre Koexistenz zu verbrämen suchen, auch wir handeln nicht anders: Wir koexistieren, indem wir mit dem Osten Handel treiben. Auch wir beteuern gleichzeitig unseren Antikommunismus, um uns ideologisch zu beschwichtigen, als Freipaß für unseren Handel fordern wir gleichsam ein handfestes, demokratisches Lippenbekenntnis. Unser übertriebener Antikommunismus ist zu einem Ritual geworden, zu einem Stammestanz der Schweizer. Er ist emotional. Er hängt mit unserer bewältigten Vergangenheit zusammen. Wir wurden verschont. Wir mußten unsere politische Gerissenheit mit einer moralischen Einbuße bezahlen. Wir standen in der heldischen Welt der Kriegsgewinner plötzlich als Kriegsgewinnler da, ohne Möglichkeit, uns wie die Deutschen vom Heldentum aufs Leiden umzustellen, wir hatten nicht einmal gelitten. Wie der Reiter nach seinem Ritt über den Bodensee vom Pferde sank, fielen wir nachträglich in eine moralische Krise. Gewohnt, als Vorbild zu gelten, versuchen wir seitdem, wieder eines zu werden. Da wir keine Kriegshelden waren, wollen wir nun wenigstens die Helden des kalten Krieges sein. Unser Antikommunismus ist daher nicht frei von einem schlechten Gewissen.

Unsere bewältigte Vergangenheit spielt uns immer wieder einen Streich. Sie behindert unsere Gegenwart wie eine Altstadt den Verkehr. Sie verleitet uns immer wieder zu falschen Schlüssen. Das zeigt sich auch in unserem militärischen Denken. Das Réduit war noch eine realistische und darum schweizerische Idee. Man baute die Alpen zu einer Festung aus und plante, im Ernstfall die übrige Schweiz nicht zu verteidigen. Wir mußten für Hitler arbeiten, und seine Züge rollten durch unsere Tunnel nach Italien. Doch gerade dadurch besaßen wir eine Waffe gegen ihn, die Fabriken, die Tunnel konnten gesprengt, das Land unrentabel gemacht werden. Rein militärisch gesehen war das Réduit absurd. Es erfüllte die Hauptaufgabe einer Armee nicht, das Volk zu schützen. Es wollte die Armee retten und das Volk ausliefern. Doch strategisch war es eine überaus listige Idee, die unmittelbar jedem einleuchtete. So konnte das Réduit zu einem Mythos eines möglichen Widerstandes werden. Nun haben wir den Mythos eines unmöglichen Widerstandes. Die Armeeführung kompensiert den Minderwertigkeitskomplex, den ihr die nicht stattgefundene Feuertaufe hinterlassen hat. Sie will nicht mehr listig, sie will heldisch sein. Sie redet sich ein, Hitler habe die Schweiz aus Furcht vor unserer Armee nicht angegriffen, und geht von der Fiktion aus, eine mögliche Niederlage unserer Armee sei auch der Untergang der Nation. Um diesen Untergang zu vermeiden, entwickelt sie Abschreckungsstrategien. Sie fordert eine Armee, deren Schlagkraft imstande sein soll, jeden zukünftigen Feind abzuschrecken. Doch steht hinter dieser Forderung nicht nur der Wunsch nach einer vorbildlichen heldischen Haltung, sondern auch die Furcht davor. Die wahre Verteidigungskraft der Schweiz kennt niemand. Sie ist noch nie erprobt worden. Der Abwehrinstinkt des Volkes und der Armee ist romantisch, von keiner Kriegserfahrung getrübt. Heldentum ist etwas Schönes, Heldentum zu verlangen etwas Unmenschliches. Die Abschreckungsstrategen wollen dem Volk den Schock des Krieges ersparen, weil sie nicht wissen, wie das Volk auf diesen Schock reagiert. Deshalb fordern sie Atombomben, die geradezu das Symbol unseres militärischen Luxusdenkens geworden sind, und deshalb haben sie sich die Flugzeuge, diese Bomben zu transportieren, für anderthalb Milliarden angeschafft, wie im Fernsehen ein militärischer Experte in naiver Unschuld zugab, womit die Frage wohl endlich geklärt ist, warum es zum Mirage-Ankauf eigentlich kam. Jede extreme Theorie führt sich selbst ad absurdum. Die Abschreckungsstrategie ist nur unter Großmächten relativ realistisch, für einen Kleinstaat ist sie illusorisch. Eine Schweiz mit Atomwaffen widerspräche sich selber. Ihre Neutralität würde fragwürdig und ihre Wehrbereitschaft leichtsinnig. In einem Atomkrieg liefe die Schweiz als Atommacht Gefahr, als potentieller Gegner en passant vernichtet zu werden, trotz ihrer Neutralitätserklärung, sicher ist sicher, ein Zwerg in der Rüstung eines Riesen wird als Riese behandelt, auch wenn er hundertmal beteuert, er sei ein friedlicher Zwerg geblieben; und in einem konventionellen Kriege könnte sie ihre Atomwaffen nicht anwenden, um nicht eine atomare Antwort zu provozieren. Die Schwäche der Abschreckungsstrategie besteht darin, daß sie nicht vom Ernstfall ausgeht, sondern von der Verhinderung des Ernstfalles, daß sie zu dieser Verhinderung Waffen braucht, die den Ernstfall, bricht die Verhinderung zusammen, zur hoffnungslosen Falle macht. Den Ernstfall kann man nicht militärisch verhindern, sondern nur mit einem geschickten diplomatischen Verhalten. Wir haben die Chance davonzukommen nur, wenn wir militärisch an sich nicht zu fürchten sind. Dieses ›an sich‹ kann nicht in unserer Neutralitätserklärung liegen, sondern nur in unseren Waffen. Deshalb kann gerade die Schweiz es sich leisten, keine Atomwaffen zu besitzen. Mehr als die Chance, mit diplomatischen Schachzügen davonzukommen, gibt es nicht, ein Angriff kann erfolgen, das Schlimmste eintreten. Deshalb brauchen wir eine Strategie, die vom Ernstfall ausgeht und nur von ihm. Wie dieser Ernstfall aussehen wird, wissen wir nicht. Deshalb können wir auch noch nicht unsere Strategie bestimmen. Wir können nur unsere Milizarmee sinnvoll ausrüsten. Nach ihrer Fähigkeit und unserem Gelände entsprechend. Vielleicht wird ein zukünftiger Verteidigungskrieg ein totaler Volkskrieg sein müssen, vielleicht ein Untergrundkrieg, vielleicht nur der Widerstand einer verschworenen Bande, wir wissen es nicht. Immer wieder wehren sich kleine Völker mit Erfolg gegen Großmächte, jüngst in Algerien, jetzt in Vietnam, der Kampf Davids gegen Goliath ist eine ewig menschliche Situation. David hatte nichts als eine Steinschleuder. David mit einer Atomwaffe zerstört einen Mythos, den wir brauchen, um widerstehen zu können. Eine Niederlage ist nicht das Ende. Die Schweiz des neunzehnten Jahrhunderts ging aus einer Niederlage hervor, die gnädigen Herren von Bern wurden nicht vom Volk weggefegt, sondern von Napoleon, und im letzten Weltkrieg wehrte sich Dänemark überhaupt nicht. Erst nachträglich. Trotzdem stellen die Dänen keine schlechtere Nation dar als wir. Eine Nation geht nicht so leicht unter, nicht einmal im Osten.

Nur bedingt exemplarisch, nur mit Vorsicht mit der Gegenwart zu vergleichen, nur ein Hemmschuh für unsere Zeit, eine Verzögerung wie ein verpaßter Startschuß, gibt es daher bessere Stoffe als unsere bewältigte Vergangenheit. Das Volk, ein instinktiver Dramaturg, feiert sie denn nicht besonders, es bezieht seinen Widerstandswillen lieber aus den alten Schlachten Sempach und Morgarten, das waren noch Siege. Die Schweiz (wie etwa auch Schweden) ist der Tragik aus dem Wege gegangen, darum ist sie kein tragischer Gegenstand, sondern ein untragischer Fall in einer tragischen Zeit. Tragisch sind nur ihre Opfer. ›Die letzte Chance‹ wäre ein größerer und damit wahrerer Film geworden, hätte er ein schlimmes Ende genommen, wären die Emigranten wieder ausgewiesen worden. Nicht, daß wir keine Emigranten aufgenommen hätten, doch Größe zeigt sich nur, wenn man zu seinem Versagen steht. Zu unserem Davonkommen gehört die Schuld; gerade hier erweist sich die Schweiz als klein, kleiner noch als auf der Landkarte. Sie sieht ihre Vergangenheit nur heldisch und human, sie will schuldlos davongekommen sein. Doch ist es falsch, unsere bewältigte Vergangenheit nun ins Teuflische umzudichten, daß sie menschlich war, genügt, man bedichte sie lieber überhaupt nicht. Es ist ja nicht schändlich, nichts literarisch Ergiebiges darzustellen. Daß die Deutschen so gern ihre Vergangenheit bewältigen, liegt vor allem daran, daß sie damals, als sie noch Nazis waren, als Weltmacht auftraten und so nachträglich auf das Interesse der Weltöffentlichkeit hoffen können. Mit einem gewissen literarischen Recht: ein Teufel mit internationaler Wirkung gibt mehr her als Füsilier Wipf. Ich persönlich mißtraue allem Nachträglichen. Wer nachträglich die Vergangenheit bewältigt, entschuldigt sie nur allzu leicht, wenn auch unfreiwillig. Plötzlich ist für viele ein Papst schuldiger als die Nazis, was nicht heißen will, daß der von den Diktatoren umzingelte Papst des Zeitalters der Diktatoren unschuldig gewesen sei, dieser Diplomat, der wie keiner seit langem absolutistisch regierte und der den Himmel mit Dogmen zu erobern suchte, weil er auf Erden machtlos war: Auch er mußte eine Suppe auslöffeln, die er sich nicht eingebrockt hatte, kein Wunder, daß er hineinblies, um sie abzukühlen. Daß er allzu vorsichtig laborierte, um als Hirte seiner Schafe die Wölfe nicht zu reizen, ist sicher, daß er die Opfer hätte verhindern können, eine Hypothese. So schleichen sich denn in die Bewältigungsstücke leicht Fiktionen ein, die Realität, die sie beanspruchen, ist fingiert, doch eine fingierte Vergangenheit zu bewältigen ist sinnlos. Nur das Opfer hätte das Recht, sich zu äußern. Das Opfer allein ist nichts Fingiertes. Doch die Opfer schweigen. Nur die Henker reden. Doch ihre Aussagen lassen sich nicht in eine Feierstunde verwandeln, sie ertragen keine literarische Manipulation. Ihre Aussagen gehören vor das Gericht. Vor das Jüngste. Doch gibt es noch andere Gründe, sich literarisch mit der Vergangenheit zu beschäftigen, als gerade deren Bewältigung. Die Literatur beschäftigt sich, streng genommen, nur mit der Gegenwart, weil sie selber Gegenwart ist, die Gegenwart eines Schriftstellers. Die Zeit, in der ein Schriftsteller lebt, kann ihn jedoch verführen, die Stoffe, die er behandeln will, historisch einzukleiden, oder, was auf das gleiche hinauskommt, in eine andere Kultur zu verlegen. Er ändert die Zeit oder den Raum oder beides. Brechts Vorliebe für China gehört dahin, eine exotische Welt ist eine verfremdete Welt, in fremden Milieus oder in fernen Zeiten lassen sich die Grundgedanken besser aufzeigen, die Fabel wird durch keine Naturalismen verwischt, der Dramatiker oder der Romancier hat gleichsam größere Narrenfreiheit. Vor und während des Zweiten Weltkrieges schrieb Cäsar von Arx seine historischen Dramen. Es war patriotisches Theater und appellierte an den Patriotismus, und so nützten sie denn auch folgerichtig die populäre Heldenzeit der Eidgenossenschaft im späteren Mittelalter aus: Durch den Patriotismus, an den sie appellierten, konnte die veränderte Struktur der heutigen Schweiz überspielt werden. War der Patriotismus jedoch im Zweiten Weltkrieg nötig, so wirkt er heute in gleich dosierter Menge nicht mehr zulässig. In Friedenszeiten senkt sich der patriotische Blutspiegel sogar bei uns, die literarische Beschäftigung mit unseren Helden ist nicht mehr aktuell, es sei denn im Kabarett, und die Armbrust ist nicht mehr die Nationalwaffe, sondern ein

Warenzeichen. Vielleicht weil wir einen neuen Patriotismus brauchen, einen kühleren und sachlicheren, einen Patriotismus, der sich auf die heutige Schweiz bezieht, auf die Schweiz der Mirage-Affäre und der Überfremdung und nicht auf jene von Sankt Jakob an der Birs. Vielleicht sind wir ein Stoff geworden.

Es fragt sich nur, welche Stoffe bei uns vorhanden sind. Es ist offensichtlich, daß im Vietnam-Konflikt oder in der Rassenfrage literarischer Sprengstoff liegt. Diese Vorgänge können für die Entwicklung der menschlichen Gesellschaft entscheidend werden oder sind es schon. Auch ist nicht zu leugnen, daß der irische Befreiungskampf oder der spanische Bürgerkrieg bedeutende Literatur hervorgebracht hat. Besitzen wir auch solche Stoffe? Ist zum Beispiel die Jurafrage imstande, Literatur hervorzubringen? Ich habe an sich nichts gegen einen jurassischen Kanton, ich halte ihn vom Föderalismus her für die einzige Lösung (warum nicht in der Form zweier Halbkantone?), wenn ich auch diese Lösung für rückschrittlich halte, die wie alles Rückschrittliche nicht frei von Komik wäre: Literarisch gibt sowohl der Föderalismus als auch die Auseinandersetzung der Separatisten mit den bernischen Behörden nicht mehr her als einige Kabarettnummern. Pathetisch oder im Stile Malraux' kann der Kampf nicht gestaltet werden. Ein Satz wie »das jurassische Volk führt einen Heldenkampf gegen die Berner« ist ein komischer Satz, weil er übertreibt. Dem Konflikt fehlt ein genügender politischer Stoff, um einen Heldenkampf auszulösen. Unsere Kantone sind nur noch historisch gewordene Gebilde, die heute fast nur noch fiktiv einer Wirklichkeit entsprechen und deshalb mehr oder weniger störend in die Gegenwart eingreifen. Der Kampf um einen freien Kanton ist bei allen rührenden Zügen ein Luxuskampf, der jenen, die wirklich für die Freiheit kämpfen, ebenso unbegreiflich erscheint wie für einen Verhungernden das Toben eines Satten, der seine frugalen Mahlzeiten in Delémonter Geschirr statt in Langenthaler Porzellan serviert haben will. Deshalb das Abgleiten ins Völkische bei den Separatistenführern. Um den Kampf weiterzuschüren, müssen sie diese vagen und faschistisch belasteten Kategorien zu Hilfe nehmen, es bleibt ihnen nichts anderes übrig, der politisch legale Treibstoff ist ihnen längst ausgegangen. Damit wird das Volk in eine eingebildete Verzweiflung getrieben; an die Stelle einer physischen Zwangslage, die nicht vorhanden ist, tritt eine psychische, ein kulturell höherstehendes Volk wird nun von einem kulturell niederstehenden Volk unterjocht. Der Beweis ist nicht leicht zu erbringen, vor allem nicht, wenn Gleiches mit Gleichem verglichen wird. Ein jurassischer Bauer ist kaum kultureller als ein bernischer, Bauern haben eine gemeinsame Kulturstufe, und die Separatistenführer sind ja auch keine Bauern, sondern Intellektuelle, die Bauern dürfen nur die Häuser anzünden. Ein jurassischer Automechaniker ist nicht kulturell höher entwickelt als ein bernischer Automechaniker, ein jurassischer Gymnasiallehrer steht auf dem gleichen Gymnasiallehrerbildungsniveau wie sein bernischer Kollege. Um kulturell höher zu kommen als andere, muß man sich als Volk fühlen und als solches als ein Volk französicher Kultur, um so, mit Corneille und Racine im Rücken, gegen das bernische Volk aufzumarschieren, gleichsam zu einem mystischen Krieg unter Führung imaginärer Ahnen gegen imaginäre Barbaren: Nur das Blut, das einmal fließen könnte, ist dann nicht mehr imaginär. Deshalb wissen wir denn auch nicht, wie wir ihre Sprengstoffattentäter moralisch einzustufen haben. Sie sind weder Verbrecher noch Helden, sie sind eigentlich Narren, bei denen einem das Lachen vergeht. Gelacht wurde nur über den Bauern, dem sie das Haus abgebrannt hatten: Sein Französisch war mangelhaft.

Wir behaupten immer wieder, wir hätten das Zusammenleben verschiedener Kulturen gelöst, und stellen uns als europäisches Vorbild hin. Die Jurakrise beweist, daß diese Behauptung nicht stimmt, wir leben nicht mit den französischen und italienischen Schweizern zusammen, sondern beziehungslos nebeneinander her. Der Welschschweizer wurde zur Hauptsache aus religiösen Gründen Schweizer, jetzt, da die religiöse Frage nicht mehr ins Gewicht fällt, ist auch der Grund weggefallen, der ihn zum Schweizer machte, er weiß nicht, weshalb er eigentlich Schweizer ist, ja, er ist manchmal dem Franzosen gegenüber leicht geniert, Schweizer zu sein. Gerade deshalb ist er jedoch ein freierer und in manchen Belangen humanerer Schweizer als der Deutschschweizer, weniger dogmatisch, weniger lehrerhaft, weniger kalter Krieger. Für den Deutschschweizer ist die Schweiz eine wesentlich deutschschweizerische Angelegenheit, immer noch eine Gründung der alemannischen Urkantone. Er fühlt sich dem Deutschen gegenüber politisch überlegen und kulturell gleichwertig. Er besitzt denn auch für den Deutschen ein Schimpfwort, während es der Welsche für den Franzosen nicht besitzt und ›boche‹ nicht nur für den Deutschen, sondern auch für den Deutschschweizer verwendet. Der Welschschweizer fühlt sich oft dem Franzosen gegenüber kulturell minderwertig; da der Franzose nach Paris ausgerichtet ist, richtet auch er sich nach Paris aus, er bekommt dann manchmal etwas Provinzlerisches. Er ist ein Kulturkapitalist. Kultur ist für ihn etwas, das er auf der Schule erwirbt, später auf der Bank der Gewohnheit anlegt und von deren Zinsen in Form von Sprache, Stil, Wortspielen und Vorurteilen er lebt. Eigenes wird selten beigefügt. Er liest französische Bücher und importiert durch das Pariser Versandgeschäft der Gala Karsenti französisches Theater; gegen diesen Import kommt das eigene Theater kaum auf; der tumultuöse Erfolg einer miserabel spielenden Truppe der Comédie Française in Lausanne ist mir in bleibender Erinnerung. Dagegen wird eine so tüchtige Truppe wie die des Théâtre Populaire Romand nur sehr mäßig unterstützt. Ein Interesse an der deutschen Kultur ist kaum vorhanden, die Kenntnisse sind rudimentär und auf das beschränkt, was in Paris Mode geworden ist. Ein Professor einer Universität fragte mich, ob Georg Büchner in Ost- oder Westberlin lebe. Den Minderwertigkeitskomplex Frankreich gegenüber reagiert er mit einem Überlegenheitsgefühl dem Deutschschweizer gegenüber ab. Da seine Kultur hauptsächlich rhetorisch ist, begründet er diese Überlegenheit hauptsächlich damit, daß er das Schweizerdeutsche als eine minderwertige Sprache betrachtet. Da er vom Deutschen keine Ahnung hat, es meistens haßt und es so lernt, wie der Deutschschweizer etwa Lateinisch, das heißt, ohne es zu sprechen, hat er auch keine Ahnung von der sprachlichen Chance des Deutschschweizers, in der Spannung zwischen einer Redesprache und einer Schriftsprache zu leben, und wird noch dadurch unterstützt, daß die meisten Deutschschweizer davon auch keine Ahnung haben. Dazu kommt noch, daß Französisch und Deutsch einander entgegengesetzt sind, das Französische ist gleichsam statisch, ausdefiniert und geschlossen, das Deutsche beweglich, formbar und offen. Das Problem sind nicht die Gegensätze, die Gegensätze sind natürlich, schwer wiegt nur, daß nichts aus diesen Gegensätzen entsteht, daß man die Chance nicht nützt, diese Gegensätze zu haben, daß der Deutschschweizer und der Welschschweizer aneinander nicht interessiert sind. Wir brauchen gemeinsame Aufgaben, Versuche nicht föderalistischer Art, Experimente, Kontakte und Dialoge, die darauf zielen, unsere Kulturen zu summieren. Ein Deutschschweizer, der nicht über die französische Kultur, und ein Welscher, der nicht über die deutsche Kultur informiert ist, haben eine Chance verpaßt, die ihnen eigentlich gerade die Schweiz bieten sollte. Kultur als ein nationales Kapital ist eine Fiktion, Kultur ist nur das Lebendige, das Schöpferische, das Wirkliche. Das behauptete Zusammenleben ist eine Aufgabe, die nicht dadurch gelöst werden kann, daß man sich vor ihr drückt. Dadurch werden nur die Kräfte frei, welche nun die Jurakrise in den Unsinn treiben. Die Schweiz, die nicht mehr imstande ist, sich einen neuen Sinn zu geben, löst sich auf, weil ihre alte Aufgabe in einem veränderten Europa weitgehend ihren Sinn verloren hat. Sie nützte einmal die natürliche Zentrifugalkraft kleiner Randgebiete aus, die sich weit von der Zentralkraft befanden, und formte mit ihnen einen Staat. Heute sind die Kommunikationsmittel unvergleichlich besser, die Randgebiete von den Zentren erfaßbar,

Europa rückt zusammen. Ohne neue Aufgabe fällt die Schweiz nun ihrerseits ihrer eigenen Zentrifugalkraft zum Opfer, der Berner Jura ist ein Indiz dafür. Die Schweiz ist beim Wort genommen. Ihre Aufgabe ist zu sein, was sie behauptet zu sein.

## *Der schwierige Nachbar*

Eigentlich ist für die Schweiz jeder Nachbar schwierig. Eigentlich wäre sie am liebsten eine Insel. Und weil sie es nicht ist, sondern mehr ein Durchgangsbahnhof mit Groß- und Privatbanken den Bahnsteigen entlang, samt garantiertem Bankgeheimnis, und mit hinter diesen Bahnsteigen und Banken ausgestellten Gebirgslandschaften, sind für den Bahnhof Schweiz eben die benachbarten Bahnhöfe schwierige Bahnhöfe, lauter Kopfbahnhöfe, sogar Wien, denn der eiserne Vorhang besteht immer noch nicht aus Blech. Nun mag dieses Bahnhofsgleichnis in den Zeiten der Ölkrise zwar wieder etwas ins Moderne gerückt sein, doch das Schwierige, als das jede Nachbarschaft von der Schweiz empfunden wird, erklärt es nur oberflächlich; es liegt wohl daran, daß die Schweiz weder eine sprachliche noch eine kulturelle Einheit darstellt wie sogar Liechtenstein, sondern eine Dreiheit (die vierte, die rätoromanische Schweiz, gibt es nur noch literarisch). Das alpine Rassengemisch der Eidgenossenschaft hat sich seine Sprachen und Kulturen von den Nachbarn zusammengeklaut. Es leidet an einem versteckten Minderwertigkeitsgefühl, damit an einer angeborenen Xenophobie, Grundlage jeder rentablen Fremdenindustrie. Wer mit den Fremden ein Geschäft machen will, darf sie auch nicht besonders mögen. Doch ist hier nicht von der Schweiz die Rede, sollte nicht die Rede sein, vor allem nicht so ausführlich, sondern von der ihr als Nachbarn schwierigen Bundesrepublik, wobei es freilich diese Schwierigkeit mit sich bringt, daß gleichzeitig von beiden ausführlich die Rede sein muß: vom Subjekt Nachbar, der dem Objekt Nachbar etwas Schwieriges ist, insofern Nachbarn überhaupt im Dativ zueinander stehen können, ist doch jeder Nachbar eines anderen Nachbarn Nachbar; Nachbar sein ist eine genitivische Angelegenheit, offenbar eine des Genitivus possessoris, weshalb Nachbarn untereinander so oft in Schwierigkeiten geraten; wo grammatikalische Klippen auftauchen, sind auch wirkliche versteckt: Vom Verhältnis der Schweiz zur Bundesrepublik ist deshalb nur dialektisch zu reden. Der eine Nachbar ist ein Resultat des Davonkommens, der andere eines des Zusammenbruchs; der eine richtete sich ein, der andere wurde eingerichtet; bei beiden ist viel schlechtes Gewissen im Spiel, kommen sie aufeinander zu reden. Der eine wirft dem anderen vor, ein Held, der andere dem anderen, keiner gewesen zu sein; der eine bildet sich nachträglich ein, doch einer gewesen zu sein, indem der andere es nur nicht gewagt hätte, ihn anzugreifen; der andere beklagt sich über den anderen, Geschäfte gemacht statt gelitten zu haben. Zugegeben, das sind Nuancen des intimeren Zusammenlebens, mitteleuropäische Bettgespräche. In einen größeren Zusammenhang gebracht: Ist das Verhältnis der Schweiz zu seinem nördlichen Nachbarn an sich wie zu jedem seiner Nachbarn schwierig, ist es noch auf eine besondere Weise schwierig, wenn auch die komplizierenden Faktoren jenes mehr unterschwelligen Gefühls, wovon wir eben gesprochen haben, in ihrer Vierehe mit ihrem nördlichen Ehegenossen – um das Verhältnis einmal so zu umschreiben – vor allem in der deutschen Schweiz endemisch ist. Gewiß, auch die anderen zwei Teile der dreiteiligen Schweiz haben mit der Bundesrepublik ihre Probleme; so existiert sie für die französische Schweiz außer als wirtschaftliche nur als fußballerische Größe, und das Tessin kommt sich von Westdeutschland weit eroberter vor als die beiden anderen Teile, zugegeben, doch die deutsche Schweiz ist außerdem noch ein Teil des deutschen Sprachraums, wie Österreich und die DDR. Ein besonderer Teil. Gleichsam nur schriftlich. Rednerisch ist er im Mittelalter geblieben, er stellt ein sprachliches Fossil dar – ein außenpolitisch psychologischer Vorgang: Der Deutschschweizer trennte sich, indem er bei seinem Alemannisch blieb, emotionell vom Reich; daß er Hochdeutsch schreibt, hat dagegen einen innerpolitischen psychologischen Grund. Zur Muttersprache des Alemannischen trat die Vatersprache des Hochdeutschen, die jene des Staates und der Gesetze wurde: Für den Deutschschweizer, der, indem er sich von seiner Nation trennte, keiner Nation mehr angehört, kann der Staat nur ein Kunstgebilde sein (der Mythos von Wilhelm Tell ist als Sage und Drama Importware, und die Armbrust ist ein Warenzeichen geworden) – eine Tatsache, die viele Schweizer vergessen –, während die Nationen dazu neigen, in ihren Staaten mythische Gebilde zu sehen, befugt, gleich das ganze Abendland zu vertreten – eine Tatsache, die viele Deutsche nicht vergessen können. Weshalb denn auch die Politik für den Schweizer stets mehr eine Kunst, für den Deutschen dagegen mehr einen Glauben darstellt, ein Unterschied, der sich bei der heutigen Jugend diesseits und jenseits des Rheins abzuschleifen beginnt. Die Neigung zum politischen Glauben hin ist auch in der Schweiz offensichtlich, Ideologie ist überall wieder Mode. Doch führten die sprachlichen Verhältnisse dazu, daß der Schweizer vom Deutschen oft als Zwitterwesen empfunden wird. Unter den Ehen, die Deutschland mit seinen deutschstämmigen Nachbarn führt, ist jene mit der deutschen Schweiz wohl die kälteste, so kalt, daß es nicht einmal einem Hitler einfiel, die Schweiz ins Reich heimzuholen, was er doch mit Österreich oder dem Sudetenland so stürmisch praktizierte; ein Liebeswerben, das dort durchaus nicht unerwidert blieb. Eine mehr als rudimentäre Heim-ins-Reich-Bewegung gab es dagegen in der Schweiz nicht, dazu war der Schweizer zu sehr Kleinstaatler. (Wobei nicht verschwiegen werden soll, daß Hitler die Schweiz aus dem einfachen Grunde nicht heimholte, weil er sie ohnehin im Griff hatte, von seinen Truppen umzingelt, war sie ihm als neutraler Staat nützlicher als ein eroberter; die Neutralität hat durchaus auch ihre zynischen, ja amoralischen Aspekte.) Daß es in der Schweiz einen Faschismus gibt und gab oder Ansätze dazu, soll damit natürlich nicht bestritten sein, für einen Kleinstaat bildete und bildet jede Blut-und-Boden-Ideologie eine ständige latente Gefahr – ein Zug, den man ganz gut auch etwa in Bayern beobachten kann, doch nicht hin auf ein Reich oder auf ein Europa, sondern hin zu einem ›Sonderfall Schweiz‹ usw. (oder auf einen ›Sonderfall Bayern‹). Womit wir natürlich bei der Gretchenfrage angelangt sind: Großstaat oder Kleinstaat? Deutschland hatte den ersten Weg eingeschlagen. Hatte. Sein Weg führte von der Kleinstaaterei zur Großmacht, wobei sein Versuch in Weltpolitik in der neueren Geschichte besonders unglücklich ausfiel. Wir brauchen nicht ausführlicher zu werden. Die Schweiz bildete sich radikal zum Kleinstaat aus, mit dem Erfolg, daß sie in den Verruf kam, allmählich aus der Geschichte aus- und in die Geschäfte eingetreten zu sein. Die Gnomen von Zürich sind gegenwärtig wohl die berühmtesten Zwerge. Der benachbarte Riese dagegen erlitt ein ähnliches Schicksal. Besiegt und entzweigehauen trat auch er nach seiner verunglückten Weltpolitik aus der Geschichte in die Geschäfte ein, wenigstens was seine westliche Hälfte betrifft, die östliche wechselte nur ihr ideologisches Hemd. (Was dem Schweizer die DDR so unheimlich macht, liegt nicht etwa nur, wie man oft behauptet, in deren Ideologie begründet, sondern noch weit mehr in dem, worin ihm auch der Großdeutsche unheimlich war, in der verhängnisvollen Mischung von Tüchtigkeit, Pedanterie und Ideologie.) Westdeutschland ist damit so etwas wie ein um vieles jüngerer, doch um vieles größerer Bruder der Schweiz geworden. Ein Wohlstandsbruder. Denn rentierte dem einen sein Davonkommen, rentierte dem anderen seine Niederlage. So ist denn das heutige deutschschweizerische Verhältnis so glücklich wie nie: Die Aufgabe beider Staaten ist vor allem eine innenpolitische, jene nämlich, die Demokratie zu verwirklichen.

# *Bericht über zwei Miniaturen*

Österreich und die Schweiz sind zwei Staaten, die sich trotz ihrer Verschiedenheit immer ähnlicher werden. Sie sind sich zwar unähnlich, sieht man genauer hin, doch sind sie sich ähnlicher geworden, was ihre Bedeutung betrifft. Beide sind Miniaturbilder in einer Zeit, die sich von Kolossalschinken beeindrucken läßt, beide sind mit Lupen zu betrachten: doch sind die Schwierigkeiten des Beobachtens verschieden. Das Tückische, untersucht man Österreich mit einer Lupe, besteht im überdimensionierten Goldrahmen, der dieses Miniaturbild umgibt, so daß man mit der Lupe mühsam den Rahmen absuchen muß, bis man die Miniatur endlich findet. Bei der Schweiz dagegen bereitet nicht der Rahmen, sondern die Miniatur Schwierigkeiten. Stellt sie, mit bloßem Auge betrachtet, eine Idylle dar (Rütlischwur mit den Alpen im Hintergrund), zerfällt sie unter der Lupe in eine Vielheit von sich widersprechenden Bildern, die keine Einheit mehr ergeben. Chemisch gesprochen: die Schweiz ist eine Mischung, die darum nicht auseinanderfiel, weil sie jahrhundertelang von Großmächten umgeben war. Sie entstand unter Druck, ein Grund, der heute nicht mehr vorhanden ist. Die Schweiz ist nicht mehr das Herz Europas (eher Luxemburg), nicht mehr von Großmächten umgeben, sondern von drei kleinen Großstaaten, einem Kleinstaat und einem kleinen Kleinstaat (Österreich und Liechtenstein). Dennoch besteht die Schweiz weiter, wenn auch die Theorien, weshalb sie weiterbesteht, verschieden sind. Einige meinen, die Schweiz erhalte sich aus Gewohnheit, andere betrachten die Schweiz als eine deutsch-französisch-italienisch-rätoromanische Völkermischung, die darum nicht explosiv sei, weil sie zu klein sei, um explodieren zu können, während die alte österreichisch-ungarische Monarchie eine so große deutsch-ungarisch-slawische Völkermischung dargestellt habe, daß sie explodieren mußte: Österreich sei einer der Überreste dieser Explosion. Damit stoßen wir auf einen weiteren Gegensatz. Der Österreicher sieht sich als Resultat einer geschichtlichen Evolution. Dieser Gegensatz führt jedoch zu einer neuen Ähnlichkeit. Beide sind stolz auf ihre gegensätzliche Vergangenheit. Wohnt der Österreicher in einer kleinen Hütte, so ist er jetzt auf seinen Palast stolz, der ihm einst in die Luft flog und in dem er gewohnt hatte, während der Schweizer, der jetzt in seinem feudalen Palace-Hotel residiert, stolz darauf ist, einmal in einer Hütte gehaust zu haben. Doch ist das historische Verhältnis der beiden Völker verzwickt. Der Österreicher besitzt eine Zwischenvergangenheit, in der er nicht mehr ein Österreicher, sondern ein Großdeutscher, der Schweizer eine Vorvergangenheit, in der er noch nicht ein Schweizer, sondern ein Urschweizer war. Weil nun der Schweizer seine Niederlagen verdrängt und nur von seinen Siegen träumt, die alle in seine Vorvergangenheit fallen, von seinen damaligen Feinden jedoch, weil es keine Burgunder mehr gibt, nur noch die Österreicher übriggeblieben sind, stellen für den Schweizer die Österreicher den Erbfeind dar. Morgarten und Sempach. Dazu kommt noch ein besonderer Umstand. Die Urschweiz führte natürlich nicht mit Österreich, sondern mit den

Habsburgern Krieg, die wiederum selber Schweizer waren (die Kapuzinergruft als Auslandschweizer-Friedhof), so daß des Schweizers Erbfeind eigentlich nicht der Österreicher, sondern der Schweizer ist (auch Geßler, der vom schweizerischen Nationalhelden Wilhelm Tell erschossen wurde, war ein Schweizer). Der Schweizer sieht daher im Österreicher einen Doppelgänger, dem ein anderes Schicksal zuteil wurde. Der Österreicher und der Schweizer sind als Alpenbewohner eineiige Zwillinge, und eineiige Zwillinge erleiden auch in anderen Milieus zuletzt das gleiche Schicksal: beide sind heute neutral. Der eine war es seit langem, der andere ist es seit kurzem. Österreich möchte ich mit einem schweizerischen Byzanz vergleichen – nach der Zerstörung durch die Kreuzritter freilich –, auch damals wurde aus Ostrom ein Kleinstaat. Indem ich jedoch die Miniaturen noch einmal mit bloßem Auge betrachte, fällt mir auf, daß ich Österreich falsch betrachtet habe, von Anfang an unter der Lupe nämlich, so daß ich den Rahmen für die Miniatur und die Miniatur für den Rahmen hielt: Ist der Rahmen eine Hirschhornschnitzerei, so besteht die Miniatur aus Gold. Österreich weist eine wirkliche Metropole auf, eben die goldene Miniatur, etwas, was die Schweiz nie besaß und Deutschland nicht mehr besitzt. Die Österreicher zerfallen in Wiener und Nichtwiener, während von den Schweizern nicht gesagt werden kann, sie bestünden aus Bernern und Nichtbernern, weil sie gleichzeitig aus Zürchern und Nichtzürchern, aus Sanktgallern und Nichtsanktgallern, aus Waadtländern und Nichtwaadtländern usw. bestehen. Doch das sind subtile Unterscheidungen: Betrachtungen über Miniaturen lassen nichts anderes zu. So ist etwa des Österreichers Humor nur subtil von jenem des Schweizers verschieden. So ungleich sie zuerst zu sein scheinen, der Österreicher besitzt einen Humor, auf den er sich etwas einbildet, des Schweizers Humor besteht im Ernst, über den er sich lustig macht. Noch subtiler ist mein persönliches Verhältnis zu den beiden Miniaturen. Ich war weder je im Burgtheater noch je im schweizerischen Landesmuseum. Ich fühle mich in Österreich nicht in der Fremde, aber auch nicht zu Hause. Ich fühle mich mehr als Österreicher denn als Ostschweizer, doch mehr als Berner denn als Tiroler, wenn ich auch die Tiroler schätze. Jedes Jahr kaufe ich mir eine Zeichnung Floras.

# *Fingerübungen zur Gegenwart*

Meine Damen und Herren,

Wenn man schon in einem so kleinen Lande wie dem unsrigen die Donquijoterie begeht, ein Schriftsteller deutscher Sprache zu sein und nichts anderes, nicht etwa noch zu drei Vierteln oder vier Fünfteln ein Redaktor, Lehrer oder Bauer, oder was es sonst noch bei uns für Berufe gibt, so muß man sich doch vielleicht langsam fragen, ob denn ein solches Unternehmen, das sich seiner Natur gemäß immer um den Bankrott dreht, ungefähr so, wie die Erde um die Sonne, absolut und unter allen Umständen notwendig sei. Es reden ja nicht einmal alle in unserem Lande deutsch, und sogar die, die es tun, stehen im allgemeinen dieser Sprache etwas fremd gegenüber, da sie ja Dialekt sprechen, wie es natürlich ist, und das Land, in welchem siebzig Millionen Deutsche leben, ist untergegangen und auseinandergebrochen. In dieser Zeit ein Schriftsteller sein zu wollen, heißt mit dem Kopf durch die Wand rennen. Meine Damen und Herren, das tue ich leidenschaftlich gern, und ich bin der Meinung, daß Wände gerade dazu erfunden sind. Ich bin daher in diesem Lande Schriftsteller geworden, *gerade weil* man da die Schriftstellerei nicht nötig hat. Ich bin es geworden, um den Leuten lästig zu fallen. Ob ich ein guter Schriftsteller bin, weiß ich nicht, und ich kümmere mich nicht sehr um diese müßige Frage; aber ich hoffe, daß man von mir sagen wird, ich sei ein unbequemer Schriftsteller gewesen. So fällt es mir denn gar nicht ein, mich in erster Linie an die Deutschen zu wenden, sondern ich wende mich vor allem an die Schweizer, vor allem, da Sie nun ja vor mir sitzen, an Sie, meine Damen und Herren. Man wird mir vorwerfen, die Schweiz sei eine Provinz und wer sich an eine Provinz wende, sei ein provinzieller Schriftsteller. Gesetzt, daß es noch Provinzen gibt, haben jene unrecht, die so sprechen. Man kann heute die Welt nur noch von Punkten aus beobachten, die hinter dem Mond liegen, zum Sehen gehört Distanz, und wie wollen die Leute denn sehen, wenn ihnen die Bilder, die sie beschreiben wollen, die Augen verkleben? Der Einwand wird aufgeworfen, es sei unerlaubt, das zu schildern, was man nicht selber erlebt habe, als ob Leiden eine Art Monopol zum Dichten schüfe, aber war Dante in der Hölle? Darum müssen Sie sich jetzt auch einen Schriftsteller wie mich gefallen lassen, der nicht von dem redet, was er mit den Augen, sondern von dem, was er mit dem Geiste gesehen hat, der nicht von dem redet, was einem gefällt, sondern von dem, was einen bedroht. Ich bin ein Protestant und protestiere. Ich verzweifle nicht, aber ich stelle die Verzweiflung dar. Ich bin verschont geblieben, aber ich beschreibe den Untergang; denn ich schreibe nicht, damit Sie auf mich schließen, sondern damit Sie auf die Welt schließen. Ich bin da, um zu warnen. Die Schiffer, meine Damen und Herren, sollen den Lotsen nicht mißachten. Er kennt zwar die Kunst des Steuerns nicht und kann die Schiffahrt nicht finanzieren, aber er kennt die Untiefen und die Strömungen. Noch *ist* das offene Meer, aber einmal werden die Klippen kommen, dann werden die Lotsen zu brauchen sein.

# *Persönliches über Sprache*

Ich rede Berndeutsch und schreibe Deutsch. Ich könnte nicht in Deutschland leben, weil die Leute dort die Sprache reden, die ich schreibe, und ich lebe nicht in der deutschen Schweiz, weil die Leute dort die Sprache reden, die ich auch rede. Ich lebe in der französischen Schweiz, weil die Leute hier weder die Sprache reden, die ich schreibe, noch jene, die ich rede.

Diese Sätze sind nicht völlig wahr. In Deutschland redet man durchaus nicht ein ideales Deutsch, in der deutschen Schweiz redet man nur im Emmental so, wie ich rede, und in der französischen Schweiz gibt es viele Deutschschweizer, die so reden, wie ich rede, vor allem viele, die so französisch reden, wie ich französisch rede, rede ich französisch.

Mit meiner Frau und mit meinen Kindern rede ich nur Berndeutsch, und sitze ich mit meinen schweizerischen Freunden zusammen, mit Frisch etwa oder Bichsel, rede ich Berndeutsch, Bichsel Solothurnisch (fast Berndeutsch) und Frisch Zürichdeutsch. Früher antworteten meine Kinder Frisch auf deutsch, sprach er mit ihnen, weil sie glaubten, Zürichdeutsch sei schon Deutsch, eine Pointe, die weder ein Deutscher noch ein Westschweizer versteht. Kommt ein Deutscher dazu, reden wir alle deutsch, weil wir unwillkürlich annehmen, daß der Deutsche das Schweizerdeutsche nicht versteht, obgleich es viele Deutsche gibt, die es verstehen, kommen sie nicht gerade aus dem Norden.

Die Separatisten lachten vor dem Bundesgericht den Bauer aus, dem sie das Haus niedergebrannt hatten, ihre höhere Kultur zu beweisen, er sprach als Berner ein schlechtes Französisch. Sie würden auch mich auslachen, auch mein Französisch ist schlecht. Ich bin zu sehr mit meiner Sprache beschäftigt, um mein Französisch noch zu verbessern. Da die meisten Westschweizer, die ich kenne, kaum Deutsch verstehen und Berndeutsch überhaupt nicht, muß ich mit ihnen mein schlechtes Französisch reden. Das liebe ich, je älter ich werde, immer weniger. So kommt es, daß ich nur noch selten mit meinen welschen Freunden verkehre.

Jede Kultur gründet sich mehr auf Vorurteile denn auf Wahrheiten, auch die westschweizerische. Eines ihrer Vorurteile besteht im Glauben, der Deutschschweizer spreche eine primitive Sprache. Auf dieses Vorurteil gründet sich die westschweizerische Fiktion, kulturell höher zu stehen. Ich persönlich halte vom Westschweizer viel, nur vermöchte ich den Satz, Delémont sei kulturell höherstehend als Burgdorf, nicht zu unterschreiben. Die Bauern besitzen in Europa überall eine ähnliche Kultur, die Lehrer ebenfalls, und bei den politischen Agitatoren sind ihre fixen Ideen das Wesentliche, die sind sich ähnlich; was sie sonst noch an kultureller Bildung aufweisen, ist nebensächlich.

Doch das westschweizerische Vorurteil ist verständlich. Das Französische ist die größte Leistung der französischen Kultur, bewundernswert in seiner Klarheit, eine im wesentlichen abgeschlossene Sprache, und weil das Französische ein Werk der Allgemeinheit ist, bemüht sich ein jeder, an diesem allgemeinen Kunstwerk teilzuhaben und seine individuellen und provinziellen sprachlichen Züge zu unterdrücken.

Im Deutschen ist es anders. Hier sind die Dialekte lebendiger geblieben und wirken lebhafter im sprachlichen Unterbewußtsein fort. Das Deutsch, das man redet, und das Deutsch, das man schreibt, unterscheiden sich stärker. Es fehlt eine Akademie, es fehlt ein kulturelles Zentrum, es fehlen die Provinzen: Ohne kulturelle Mitte ist es sinnlos, von Provinzen zu reden. Das Deutsche ist individueller als das Französische. Deutsch ist eine offene Sprache.

In vielem ist das Verhältnis des Schweizerdeutschen zum Deutschen ähnlich wie dasjenige des Holländischen zum Deutschen. Nur wurde das Holländische zu einer Schriftsprache, das Schweizerdeutsche nicht. Auf den Schriftsteller bezogen: der deutschschweizerische Schriftsteller bleibt in der Spannung dessen, der anders redet, als er schreibt. Zur Muttersprache tritt gleichsam eine ›Vatersprache‹. Das Schweizerdeutsche als seine Muttersprache ist die Sprache seines Gefühls, das Deutsche als seine ›Vatersprache‹ die Sprache seines Verstandes, seines Willens, seines Abenteuers. Er steht der Sprache, die er schreibt, gegenüber. Aber er steht einer Sprache gegenüber, die von ihren Dialekten her formbarer ist als das Französische. Das Französische muß man übernehmen, Deutsch kann man gestalten.

Das ist überspitzt ausgedrückt. Auch das Französische läßt individuelle Möglichkeiten zu. Was ich meine, läßt sich an Ramuz und Gotthelf erläutern: Ramuz' Französisch kommt mir wie ein vollkommen gearbeitetes Netz der französischen Sprache vor, womit er die waadtländische Eigenart einfängt, in Gotthelfs Sprache sind Deutsch und Berndeutsch verschmolzen. Gotthelfs barocke Sprache entstand wie Luthers Bibelübersetzung: Gotthelf fand sein Deutsch, Ramuz hatte sein Französisch.

Auch ich muß immer wieder mein Deutsch finden.

Ich muß immer wieder die Sprache, die ich rede, verlassen, um eine Sprache zu finden, die ich nicht reden kann, denn wenn ich Deutsch rede, rede ich es mit einem berndeutschen Akzent, so wie ein Wiener Deutsch mit einem wienerischen Akzent spricht oder ein Münchner mit einem bayrischen Akzent. Ich rede langsam. Ich bin auf dem Land aufgewachsen, und die Bauern reden auch langsam. Mein Akzent stört mich nicht. Ich bin in guter Gesellschaft. Die Schauspieler verließen vor Lachen den Saal, als ihnen Schiller vorlas: so schwäbelte der Mann.

Es gibt Schweizer, die sich bemühen, ein reines Deutsch zu reden. Sie reden dann gern ein allzu schönes Deutsch. Es ist, als ob sie, wenn sie reden, bewunderten, wie sie reden.

Manche Westschweizer reden auch ein allzu schönes Französisch.

Wer allzu schön redet, kommt mir provinziell vor.

Die Sprache, die man redet, ist selbstverständlich.

Die Sprache, die man schreibt, scheint selbstverständlich.

In diesem ›scheint‹ liegt die Arbeit des Schriftstellers verborgen.

Es gibt Kritiker, die mir vorwerfen, man spüre in meinem Deutsch das Berndeutsche. Ich hoffe, daß man es spürt. Ich schreibe ein Deutsch, das auf dem Boden des Berndeutschen gewachsen ist. Ich bin glücklich, wenn die Schauspieler mein Deutsch lieben.

Ich dagegen liebe Berndeutsch, eine Sprache, die in vielem dem Deutschen überlegen ist. Es ist meine Muttersprache, und ich liebe sie auch, weil man eine Mutter liebt. Ein Sohn sieht seine Mutter mit anderen Augen: oft leuchtet ihre Schönheit nur ihm ein.

Französisch kann man, Deutsch versucht man zu können.

Könnte ich Deutsch, würde ich berndeutsch schreiben.

Indem ich Persönliches darstellte, kommt es mir vor, als hätte ich dennoch Allgemeines ausgedrückt: welcher Schriftsteller der Welt lebt dort, wo man die Sprache redet, die er schreibt? Die Sprache, die er schreibt, redet nur aus seinem Werk.

# *Vier Gründe zur Annahme des Literaturpreises der Stadt Bern*

Meine Damen und Herren, wer einen Preis entgegennimmt, muß sich stellen. Die Stadt Bern hat ein Anrecht zu wissen, wem sie den Preis erteilt. Nicht einem Rechten oder Linken, sondern einem Queren. Einem, der die Politik durchdenkt, um Wichtigeres zu denken, einem, der sich für die Politik einsetzt, um sich ihr nicht auszusetzen, einem, der die Politik behaftet, um von ihr nicht verhaftet zu werden. Andere werden nach mir den Literaturpreis erhalten. Ihnen möchte ich zurufen: Jede Macht sucht sich zu rechtfertigen, der Rechtfertigungstrieb des Menschen ist ebenso mächtig wie sein Machttrieb. Die Bestimmung eines Schriftstellers liegt nicht darin, die Schminke einer Macht abzugeben, irgend jemandes Ausrede zu sein. Sie wissen nun, wie ich denke.

Nun ist es Ihr Recht zu wissen, warum ich den Literaturpreis der Stadt Bern annehme. Es gibt verschiedene Preise: Ehrenpreise, Aufmunterungspreise, Beförderungspreise, Besänftigungspreise, Abschreckungspreise, gesellschaftliche Preise. Ich will nicht untersuchen, welchen Preis ich von der Stadt Bern bekommen habe. Ich bin in Konolfingen geboren, einem Dorfe des Kantons Bern, als 14jähriger kam ich nach Bern, das Winter- und Sommersemester 43/44 überlebte ich in Zürich, von 44–46 lebte ich wieder in Bern, 46 zogen meine Frau und ich nach Basel, von 49–51 lebten wir am Bieler See, und seit dem 1. März 52 leben wir in

Neuenburg, seit 27 Jahren also. Ich bin damit der erste Neuenburger, der den Literaturpreis der Stadt Bern erhalten hat, dafür möchte ich denn auch im Namen der Stadt und des Kantons Neuenburg danken.

Dies ist ein Grund. Der zweite: Den Literaturpreis des Kantons Bern habe ich schon erhalten. Er stand mir als Konolfinger auch zu, seien Sie einmal Konolfinger. Einen Preis der Stadt Basel oder der Stadt Zürich – die Städte meiner Pleiten – kann ich nicht erhalten, da ich weder Basler noch Zürcher bin und auch dort nicht wohne. Der Literaturpreis Neuenburgs ist unerschwinglich, nicht nur, weil es ihn nicht gibt, auch wenn es ihn gäbe – mein Französisch ist in einem allzu erbärmlichen Zustand. So blieb denn nur noch der Preis der Stadt Bern übrig für die zehn Jahre, die ich hier verlebte, und den letzten Preis, der einem zusteht, darf man nun wirklich annehmen und behalten.

Doch gibt es noch einen dritten Grund: Das Dorf, in dem ich aufwuchs, formte mich vor; ich brauchte mich nicht mit ihm auseinanderzusetzen, weil ich ein Teil vom Dorfe war. Ich war im Bilde, weil ich mir ein Bild machen konnte. Die Stadt Bern, in die ich dann kam, zerstörte dieses Bild. Mit ihr mußte ich mich auseinandersetzen, weil ich kein Teil von ihr war. Aber aus der Auseinandersetzung mit ihr entstanden die Motive, um die mein Denken seitdem kreist: das Labyrinth und die Rebellion: die Motive und Motivationen meines Denkens zugleich. So war denn Bern nur zu bewältigen, indem es mein Stoff wurde. Ich emigrierte nicht, als ich diese Stadt verließ, ich nahm Bern mit mir als den Stoff, aus dem sich eine Welt formen ließ, meine durch mich verwandelte Welt.

Und endlich gibt es einen vierten, letzten Grund: Der Literaturpreis der Stadt Bern, der mir heute verliehen wird, stellt ein Jubiläum dar: hatte doch die Stadt Bern mir schon einmal, im Jahre 1954, vor 25 Jahren also, einen Literaturpreis von 750 Franken verliehen. Ich wurde damals in den Keller des Erlacher Hofes gebeten, auch um halb sechs nachmittags, wie ich mich zu erinnern glaube. Ein neunköpfiger Gemeinderat und die Kulturkommission empfingen mich. Im weiteren fielen mir ein festlich gedeckter Tisch auf und links und rechts vom Eingang des Kellers je ein Tisch: auf dem einen türmten sich die Getränke, auf dem anderen die Zigarrenkisten. Der Stadtpräsident hielt eine kurze Ansprache, er bedaure, daß er nicht imstande sei, mir einen finanziell gewichtigeren Preis zu verleihen, aber das Parlament sei nun einmal so geizig, dafür hätte sich der Gemeinderat überlegt, was denn eigentlich in seiner Kompetenz liege, da hätte er herausgefunden, daß er das Recht habe, mich nach meinem Stande zu bewirten, und weil es heiße, der Geist sei das Wichtigste, sei der Gemeinderat den Statuten gemäß in der Lage, mich zu einem Nachtessen einzuladen, das er sonst nur den Staatsoberhäuptern anbieten dürfe. Meine Damen und Herren, es war nicht nur das beste, sondern auch das gewaltigste Abendmahl, das man mir darauf servierte, und um Mitternacht wurde vom ›Bellevue‹ eine immense Käseplatte herbeigeschafft, dazu die besten Havannas, eine mächtige Upmann ist mir noch in Erinnerung, trotzdem ich seit 71 Nichtraucher bin. Auch stellte sich gegen Morgen heraus, daß von den neun Gemeinderäten, die sich alle duzten, nur sieben solche waren: die zwei anderen waren der Hauswart und der Chauffeur. Kurz und gut, es war die schönste Preisübergabe, die ich je erlebt habe, und nicht einmal eine Rede mußte ich halten.

Verehrter Herr Gemeinderat, verehrte Literaturkommission, verehrte Steuerzahler, vier Gründe sind viele Gründe. Verzeihen Sie mir, daß meine Rede mehr politisch als literarisch ausgefallen ist, aber über Literatur rede ich nicht gern, ich bin leider beruflich verpflichtet, sie zu machen –, na ja, die Politik sollte sich eigentlich auch daran halten. Ich danke Ihnen.

# III

## *Schweizerpsalm III*

Einst dürstete ich nach deinem Glauben
   Mein Land
Nun dürste ich nach deiner Gerechtigkeit
   Wahrlich
Die Ärsche deiner Staatsanwälte und Richter
   Lasten so schwer auf ihr
Daß ich das Wort Freiheit kaum mehr ertragen kann
   Das du ständig im Maule führst
Deine Glaubhaftigkeit zu beweisen
   An die niemand mehr glaubt
Nur noch deine Bankgeheimnisse sind glaubhaft.

Was ist aus dir geworden, mein Land?

Wenn du morgens für die Neger in Biafra und
   anderswo Geld sammelst
Legst du dich, Bet- und Bettschwester zugleich,
   Abends mit deren Häuptlingen zwischen die Laken
Deine Waffengeschäfte abschließend
   Damit jene, mit denen du schläfst,
Die abknallen, für die du gesammelt hast,
   Und wenn man deine Zuhälter faßt
Wissen sie von nichts.

Von den Steuerhinterziehern aller Länder unterhalten
Schenkst du General Westmoreland Whisky ein
Mit ihm nächtlich auf die Rettung des Abendlandes
anstoßend.

Wehe denen, die anders denken als du
Deine Lehrstühle
Hältst du von jedem Stäubchen Marxismus rein
Dein Patriotismus ist so steril und keimfrei
Daß auf seinem Boden wirklich nichts mehr wächst
Jede neue Idee ist für dich eine Seuche
So lebst du in ewiger Furcht vor Schnupfen und Masern
Dabei hast du Krebs, du willst es nur nicht wissen,
Und die Psychiater kratzen sich verlegen hinter den Ohren
Reden sie von dir, doch du läßt nicht mit dir reden
Wer dir seine Moral predigen will
Den läßt du deine Moral spüren.

Nichts gegen deine Armee. Dieser wackere Verein
Verdrosch einst Österreicher, Burgunder
und Deutsche
Verdrosch die Unterdrückten fremder Unterdrücker
Doch vor allem verdrosch er sich selber
Bis er von Napoleon gottseidank so gründlich verdroschen
wurde
Daß er seitdem friedlich wurde
Unsere Grenzen mit seinen Waffen beschützend
Wie er sich einbildet
Denn in Wahrheit wurden wir hauptsächlich
Durch unsere Geschäfte beschützt.

Nichts gegen diesen Verein. Man tritt
  Ihm unfreiwillig bei, steht in den Statuten
Doch, wenn er sich an jenen vergreift
  Die diese nicht mehr unbedingt notwendig finden
Greife ich ihn an
  Im Namen der Freiheit
Die er zu verteidigen vorgibt.
Er ist nicht die Stütze meines Landes.
  Die Stütze meines Landes sind die, welche denken
  Nicht jene, die mitmarschieren.

Armer Villard
  Das Töten verurteilend
Wirst du von einem Lande verurteilt
  Das aus dem Töten Profit zieht.
Deine Lauterkeit sei unser Vorbild.
Deine Tapferkeit werde die unsrige.
Die Tapferkeit, in einem Lande zu leben
  In welchem es langsam genierlich wird
Einem Bundesrat die Hand zu reichen.
Noch sind Wenige, die denken, doch die Mehrheit
  Stampft sie in den Untergrund
Stempelt sie zu Kanalisationsschweizern. So
  Untergraben sie denn als Maulwürfe
Den Boden, der dich trägt, mein Land
  Verändernd mit der Zeit
Was du unveränderlich hältst
  Einen besudelten Schweizerpaß in der Tasche.

## *Helvetisches Zwischenspiel*

Bilden sich aus den emotionalen Realitäten des *Wir*, des *Uns*, des *Andern* und des *Feindes* im Wolfsspiel Vaterländer, die durch ihre Ideologie einen bestimmten politischen Inhalt bekommen, so reden wir, meine Damen und Herren, da ich als Schweizer zu Ihnen rede, höflicherweise weiterhin von der Schweiz, untersuchen wir das Beispiel einer Wolfsspiel-Politik und die Widersprüche, in die sie sich verwickelt. Jeder Staat besitzt eine Ideologie, die das Resultat seiner ökonomischen, internationalen, historischen und emotionalen Struktur ist. Die Ideologie der Schweiz besteht darin, daß sich die Schweiz passiv stellt. Die Schweiz ist ein Überwolf, der sich, indem er sich als neutral erklärt, als ein Überlamm deklariert. Mit anderen Worten: die Schweiz ist ein Überwolf, der verkündet, keine aggressiven Absichten anderen Überwölfen gegenüber zu hegen. Der Erfolg ist denn auch erstaunlich, nicht einmal der Überwolf Hitler fraß den als Lamm verkleideten Überwolf Schweiz auf.

Dennoch gerät die Schweiz mit ihrer Ideologie, sie sei ein Lamm, in ein Dilemma, weil der Schweizer wie jeder Wolf ein Wolf ist, was zur Definition zwingt, die Schweiz bestehe aus Wölfen, die von einem Überlamm beschützt werden. Die Unmöglichkeit dieser Konzeption ist offensichtlich, sie ist jene der geistigen Landesverteidigung; ein merkwürdiges Phänomen, denn wenn etwas nicht geistig verteidigt werden kann, ist es ein Staat.

Ein Staat hat zwar mehr mit Geist zu tun, als mancher denkt. Als Institution muß er verwaltet werden, eine Tätigkeit, die, im Gegensatz zur Meinung vieler Beamter, des Geistes bedarf; auch müssen in ihm zwei geistige Kräfte wirksam bleiben, will er nicht sinnlos weiter existieren, die Kraft des Bewahrens und die Kraft des Vorherplanens. Seine Existenz jedoch braucht keine Begründung, geht er unter, existiert er nicht mehr und braucht auch nicht mehr begründet zu werden.

Wer sich geistig zu verteidigen versucht, muß Furcht oder ein schlechtes Gewissen haben. Die Schweiz hat beides: ein schlechtes Gewissen, weil sie sich als Lamm ausgibt und deshalb an die Menschlichkeit der Wölfe appelliert, sich ihnen nützlich zu machen versucht und die Nachtapotheke des Roten Kreuzes unterhält; Furcht, weil sie in Wirklichkeit eben doch ein Wolf ist, freilich ein so kleiner, daß sie sich ständig fürchtet, von anderen Wölfen zerrissen zu werden, und deshalb instinktiv die Zähne fletscht, um dann, weil sie ihrem eigenen Biß nicht so recht traut, wiederum geistige Landesverteidigung zu betreiben. Die geistige Landesverteidigung ist eine Schraube ohne Ende.

Zwar müßte ein Land eigentlich erst dann zur geistigen Landesverteidigung greifen, würde für dieses Land die Weltlage ernst. Weil jedoch die geistige Landesverteidigung, soll sie im Ernstfall funktionieren, wie jede Verteidigung geübt werden muß, ist die Weltlage für die Schweiz immer ernst. So unrecht hat sie zwar damit nicht, doch ist nicht zu leugnen, daß die Schweiz eines jener Länder darstellt, das, um sich geistig verteidigen zu können, vom kalten Kriege lebt. Doch genügt der Ernst der Weltlage nicht, ein Land geistig zu verteidigen, das Land selbst muß besonders verteidigungswürdig sein. Es stellt sich deshalb die Frage, welche Eigenschaften des Schweizers die Schweiz verteidigungswürdig machen; besäße der Schweizer keine besonderen Eigenschaften, so ließe sich das Land wirtschaftlich an Süddeutschland und hotelmäßig ans Tirol angliedern; auch unsere Großbanken und Waffenfabriken lassen sich besser ökonomisch als geistig begründen. Deshalb muß die Schweiz durch ihre geistige Landesverteidigung zu einem ungewöhnlichen, gottgewollten Überwolf, zu einer metaphysischen Größe, zu einem Heiligtum erklärt werden. Damit wird sie dem Schweizer gleichsam entrückt. Er muß darum, will er sich geistig verteidigen, dem entrückten Heiligtum entsprechen: er hat ein besonders edler Edelwolf zu sein, ein Edelwolf, dessen Eigenschaften sich aus den Prämissen seines Wolfsspiels folgern lassen: er muß frei sein, gehorsam, kapitalistisch, sozial, demokratisch, föderalistisch, gläubig, anti-intellektuell und wehrbereit. Diese Eigenschaften verlangen Präzisierung.

Frei und gehorsam: Auch das schweizerische Wolfsspiel, vom Individuellen her konzipiert, steht unter der Idee der Freiheit, gleichzeitig wird diese Freiheit eingeschränkt, damit das Spiel funktioniert. Der Einzelne muß frei und gehorsam sein. Besonders dieser Zwiespalt führt zur Konstruktion des Überwolfes Staat, der alle jene Freiheiten besitzt, die ein ins Wolfsspiel verstrickter Einzelwolf zwar nicht mehr besitzt, von denen er sich jedoch einbildet, sie noch zu besitzen. Die Tatsache etwa, daß die Schweiz dem Schweizer unabhängig vorkommt, verleitet den Schweizer zum Glauben, er sei frei. Als eingefleischter Wolfsspieler ist für ihn die Freiheit mit der Unabhängigkeit identisch. Aus der Unabhängigkeit eines Staates folgt jedoch nicht ohne weiteres die Freiheit seiner Bürger. Die Unabhängigkeit ist wohl eine Voraussetzung für die Freiheit, solange es noch andere Überwölfe gibt, aber nicht mehr als eine Voraussetzung. Die Unabhängigkeit ermöglicht die Freiheit, aber garantiert sie nicht. Doch hält die geistige Landesverteidigung an der Formel Unabhängigkeit = Freiheit fest; täte sie das nicht, begänne der Schweizer über seine persönliche Freiheit nachzudenken und würde als Staatsbürger suspekt. Denn dann könnte er auch die Formel Freiheit = Gehorsamkeit nicht ohne weiteres akzeptieren, welche die geistige Landesverteidigung aus der ersten Formel ableitet, ist es doch ihre Taktik, die Freiheit des Schweizers der Unabhängigkeit der Schweiz zu opfern. Damit löscht sie die Realität Schweiz aus, um der Ideologie Schweiz Platz zu machen, oder, um in unserem Gleichnis zu bleiben: der Schweizer hat einen Wolf im Lammfell darzustellen, will er ein guter Eidgenosse sein.

Kapitalistisch und sozial: Auch wenn sich ein Wolf ein Lammfell überzieht, bleibt er ein Wolf, und das einzig mögliche Spiel, das ihn überzeugt, ist das Wolfsspiel; nur so kann dem Einzelwolf, der sich als Lamm maskieren muß, bestätigt werden, daß er trotzdem ein Wolf ist. Dennoch bleibt ein Problem ungelöst: die Abhängigkeit der spielsteinarmen von den spielsteinreichen Spielern, was die Neigung der spielsteinarmen Spieler begünstigt, das Gute-Hirte-Spiel einzuführen, das heißt, nicht nur verkleidete Wölfe, sondern wirkliche Lämmer zu werden. Die Unmöglichkeit des reinen Wolfsspiels haben wir schon aufgezeigt. Wie es einen revisionistischen Sozialismus gibt, gibt es einen revisionistischen Kapitalismus, der sich sozial stellen muß, um der kapitalistischen Grundstruktur des Landes ein Alibi zu liefern, kapitalistisch bleiben zu können; gleichzeitig liefert er den Gute-Hirte-Spielern ein Alibi, mit den Wölfen mitzuheulen. Alles in allem eine Tendenz, die der geistigen Landesverteidigung ästhetisch entgegenkommt: Sozialistische Schweiz klingt schlecht, soziale Schweiz klingt fortschrittlich.

Demokratisch und föderalistisch: Die Demokratie ist eine der großen politischen Ideen des Menschen. Dazu finden sich in der Schweiz Ansätze, wenn auch eine Demokratie ohne Frauenstimmrecht unvollständig ist. Die Demokratie ist ein Versuch, innerhalb eines Machtsystems möglichst viele an der Macht zu beteiligen: die Mehrheit herrscht über die Minderheit.

Doch je komplizierter ein Staat wird, desto komplizierter wird die Durchführung der Demokratie; die Schweiz, in der noch Möglichkeiten einer direkten Demokratie bestehen, macht davon keine Ausnahme. Ein Land muß nicht nur regiert, es muß auch verwaltet werden. Es sind nicht nur Beschlüsse zu fassen, sie sind auch zu verwirklichen: Die Politik setzt sich aus Politikern zusammen, die die Politik beschließen, und aus Beamten, die die Politik durchführen.

Je komplizierter nun der gesamtpolitische Apparat eines Landes wird, desto mehr werden Politiker Beamte und Beamte Politiker. Unser Parlament setzt sich heute weitgehend aus Beamten und Funktionären zusammen, ein Trend, der durch die Neigung des Wolfsspiels und des Gute-Hirte-Spiels, die Gesellschaft in ein unübersichtliches Machtsystem zu verfilzen, noch unterstützt wird. Das Parlament repräsentiert in Wirklichkeit nur sich selbst und nur ideologisch das Volk. Die Struktur der modernen Gesellschaft, in der ein jeder irgendwie ein Angestellter ist, arbeitet der Demokratie entgegen. Ein jeder ist gewohnt, sich verwalten zu lassen. Die Demokratie setzt jedoch Kritik voraus und die Angewohnheit, der Regierung auf die Finger zu sehen. Ein Parlament dagegen, das nur aus Beamten und Funktionären besteht, kommt in Versuchung, dem Volke vorzuschreiben, wie es zu sein hat, und wie jener zürcherische Polizeikommandant, der sich im Fernsehen über den Haarschnitt der Jugendlichen ärgerte, fordern auch unsere Politiker einen geistigen Einheitshaarschnitt: den der geistigen Landesverteidigung. Wir haben gehorsame Demokraten zu sein. Die geistige Landesverteidigung versucht, die Demokratie, die nicht mehr funktioniert, als funktionierend darzustellen: wir sollen uns zwar Demokraten nennen, aber dürfen keine sein. Ebenso verfährt sie mit dem Föderalismus. Die geistigen Landesverteidiger nennen den Staat mit Vorliebe Heimat und rücken ihn damit ins Sentimentale: Der Schweizer soll nicht einen Staat verteidigen, sondern sein Tal.

Gläubig und anti-intellektuell: Strenggenommen setzt die geistige Landesverteidigung den Glauben an eine emotionale Realität voraus, die in Wirklichkeit nicht ›an sich existiert‹. Der Staat ist keine emotionale, sondern eine konstruierte Realität, einem Kunstwerk nicht unähnlich. Seine Funktion besteht darin, das Zusammenleben der Menschen zu erleichtern. Eine Funktion muß nachgeprüft werden können. Sie setzt Kritik voraus, denn funktioniert sie nicht, müssen ihre Prämissen überprüft werden, wobei die Unterscheidung zwischen niederreißender und aufbauender Kritik ebenso unsinnig ist wie die zwischen positiver und negativer Kunst. Entweder stimmt eine Kritik, dann ist sie berechtigt, oder sie stimmt nicht, dann ist sie keine Kritik. Doch was überprüfbar ist, daran kann man nicht glauben. Wer daher den Glauben an eine Funktion fordert, dem ist jede Kritik nicht Kritik, sondern Unglauben: Wer kritisiert, ist Kommunist oder Nihilist, je nach politischer Wetterlage. Wer jedoch an ein Vaterland an sich glaubt und es nicht als eine emotionale Realität durchschaut, nimmt jeden Glauben zu Hilfe, an den er nebenbei auch noch glaubt, vor allem den Glauben an einen Humanismus oder an das Christentum: Er tut so, als gäbe es eine humanistische oder gar eine christliche Schweiz. Damit enthüllt sich die schweizerische geistige Landesverteidigung als eine Staatsreligion, denn wenn etwas nicht humanistisch oder christlich sein kann, ist es der Staat, ob er sich nun den Namen Vaterland oder Heimat zulegt. Christlich oder human können nur Menschen sein, keine Institutionen.

Wehrbereit: Hier erweist sich die geistige Landesverteidigung als Komödie. Ist auch der Schweizer ein Wolf im Lammfell, so muß er dennoch stets der Welt gegenüber deutlich machen, daß er trotzdem ein Wolf ist. Daher wird denn auch ein Wolf im Lammfell, der behauptet, ein Lamm zu sein, bestraft, auch wenn sich herausstellt, daß er in Wirklichkeit doch ein Lamm ist und kein Wolf. Der Schweizer hat die Ideologie, die man ihm einredet, zu glauben, aber nicht ernst zu nehmen. Nicht zufällig fordern jene, die in der Schweiz geistige Landesverteidigung betreiben, zum Geist auch Atomwaffen; die gute, alte Helvetia stünde darauf ziemlich unbeholfen da, zwar mit einer fürchterlichen Waffe in den Händen, doch blind vom Stäubchen Geist, das sie sich selbst in die Augen gestreut hat.

### *Ende des helvetischen Zwischenspiels*

Meine Damen und Herren, eine persönliche Zwischenbemerkung ist notwendig. Ich geniere mich durchaus nicht, Schweizer zu sein, ebensowenig wie ich es genierlich finden würde, Franzose, Deutscher, Italiener sein zu müssen usw. Ich bin sogar mit einer gewissen Leidenschaft Schweizer. Ich lebe gern in der Schweiz. Ich rede gern Schweizerdeutsch. Ich liebe den Schweizer und liebe es, mich mit ihm herumzuschlagen. Ich kann mir schwer vorstellen, anderswo zu arbeiten.

Ich weiß, daß mich emotionale Gründe an die Schweiz binden, aber ich weiß auch, daß die Schweiz nur ein Staat ist und nichts weiter, daß ihre Verfassung, ihre soziale und ökonomische Struktur und die Menschen, die sie ausmachen, Mängel aufweisen; daß schließlich vieles von dem nicht stimmt, weswegen uns das Ausland bestaunt, das Miteinanderleben von Menschen verschiedener Sprachen etwa: Sie leben nicht miteinander, sie leben nebeneinander. Daß der Mensch ohne Emotion nicht auskommt, heißt nicht, er komme auch ohne Denken aus.

Ich liebe die Schweiz und denke über sie sachlich nach. Auch Gutes läßt sich natürlich über sie sagen: Sie ist unter anderem ein Kleinstaat, und ich halte den Kleinstaat für eine weitaus glücklichere politische Erfindung als den Großstaat, und sei es bloß deshalb, weil kleine Munitionsdepots ungefährlicher sind als große, falls sie explodieren. Ich schäme mich weder am Kriege nicht teilgenommen zu haben, noch von ihm verschont worden zu sein. Ich bin dankbar, daß ich kein Held sein mußte, weil ich nicht weiß, ob ich einer hätte sein können, und es ist mir bewußt, daß ich diese Chance mehr der Kleinheit meines Staates verdanke als der Furcht Hitlers vor ihm, denn eine funktionierende Schweiz war für Großdeutschland nützlicher als eine eroberte.

Im übrigen bin ich dort ein gehorsamer Bürger, wo Gehorsamkeit dem Staate gegenüber am Platze ist; ich halte die Gesetze, zahle die Steuern, verfahre mit meinen Mitmenschen und fahre meinen Wagen möglichst korrekt. Zwar leiste ich keinen Wehrdienst mehr. Ich verdanke dieses Glück jedoch nicht einem freien Entschluß, ich nahm nicht ein Martyrium auf mich, ich verdanke es allein meinem Körper, der mir dafür andere Streiche spielt; im Gegenteil, ebensowenig wie ich gegen den schweizerischen Staat bin, bin ich gegen die schweizerische Armee. Sie ist ein populäres Element und gerade darum ein wichtiges politisches Instrument, ein Stück Folklore, ein Männerbund, der die Schweizer zusammenhält, doch gerade deshalb könnte sich die Schweiz leisten, was sie sich nicht leistet: die Kriegsdienstverweigerer einzusetzen: Wer die Faulheit und das nötige Geschick aufweist, drückt sich ohnehin, wer den Dienst offen verweigert, beweist Mut: Warum soll gerade der Mutige zum Wehrdienst gezwungen werden, um so mehr, weil er ja den nicht minder harten Zivildienst verlangt?

Daß ich im allgemeinen für einen Kleinstaat eine Armee für überflüssig halte, ist eine taktische Überlegung. Es geht für einen Kleinstaat nicht darum, einen Krieg zu gewinnen, sondern einen Krieg zu überleben. Dänemark verteidigte sich im Zweiten Weltkrieg nicht, und ich halte die Schweizer ebensowenig für besser als die Dänen, wie ich die Dänen für besser als die Schweizer halte. Bei den Kleinstaaten kommt es auf den inneren Widerstand an, nicht auf den Einsatz von Armeen; auch der Tschechoslowakei gebe ich immer noch eine Chance: Kleinstaaten haben die Eigenschaft, untertauchen und immer wieder auftauchen zu können.

Wenn ich daher aus dem Versuch, die Schweiz geistig zu verteidigen, den Begriff Faschismus ableite, so nicht, um die Schweiz zu beleidigen oder als faschistisch zu bezeichnen – ich sehe nicht in jedem unserer geistigen Landesverteidiger einen Faschisten –, sondern es geht mir darum, den Faschismus politisch zu definieren und ihm den Nimbus zu nehmen, es handle sich hier um etwas Dämonisches. In den Faschismus schlittert man hinein, man verfällt ihm nicht wie dem Teufel: Wer sich vom Teufel besessen glaubt, fühlt sich allzu leicht schuldlos, wird ihm der Teufel wieder ausgetrieben. Nicht um die Deutschen zu entschuldigen, sondern um weder die Deutschen noch die Schweizer freizusprechen, zeige ich präfaschistische Züge in der Schweiz auf und nicht in Deutschland, denn der Faschismus entsteht aus dem Wolfsspiel, aus dem individuellen Begriff, den der Mensch von sich macht, aus der Idee der Freiheit.

Nur aus dieser Paradoxie ist der Faschismus zu erklären. Seine Gefährlichkeit liegt im durchwegs Emotionalen seiner Politik. Nur die emotionalen Realitäten machen den Faschismus möglich: indem diese emotionalen Realitäten total werden. Das *Wir* wird zum absoluten Vaterland, das *Uns* zur Herrenrasse, mit der sich jedes Individuum, das diesem *Uns* angehört, zu identifizieren vermag. Der *Andere* wird zum absoluten *Feind*: zum Juden, zum Bolschewiken, zum Untermenschen usw. Die Freiheit des Einzelnen wird der Unabhängigkeit des Vaterlandes geopfert. Die Gleichung Freiheit=Unabhängigkeit wird absolut gesetzt. Es gibt keine andere Freiheit als die des Vaterlandes. Der natürliche Konflikt des Individuums mit dem Staate wird zugunsten des Staates entschieden. Der Faschismus ist das zu Ende geführte Wolfsspiel, sein Schachmatt. Alle Einzelwölfe fallen dem einen Überwolf Staat zum Opfer. Aus diesem Grunde weist auch die Schweiz faschistische Züge auf; im Versuch, sie geistig zu verteidigen, wird die Schweiz zu einem totalen, emotionalen Begriff, der den Menschen eliminiert, den es doch eigentlich zu verteidigen gilt.

Ein weiteres Beispiel ist die Ideologie der Ideologen des Separatismus. Das jurassische Volk als solches ist eine emotionale Konstruktion. Es gibt nur Menschen, die im Jura wohnen, ob sie nun Französisch oder Deutsch reden, aber nicht ein besonderes Volk, dem der Jura gehört, was nicht ausschließt, daß ich einen Kanton Jura für nötig halte, was jedoch nur bedeutet, daß es mir völlig gleichgültig ist, ob ich mich im Kanton Bern oder im Kanton Jura befinde.

Nicht zufällig ist jeder Faschismus mit einer Blut-und-Boden-Literatur verbunden. Was emotional ist, muß auch kultisch sein. Wie wir in der heutigen Zeit eine heiße Kunst, die mehr an das Gefühl appelliert, von einer kalten Kunst unterscheiden, die mehr den Verstand anspricht, so können wir auch von einer heißen und einer kalten Politik reden. Der Faschismus verführt, wie jedes Emotionale, zu einer heißen Politik. Das Individuum wird durch ihn zur Identifikation mit einer emotionalen Realität verlockt, überhaupt werden in ihm alle Emotionen frei, die positiven und die negativen, Liebe, Glaube, Treue, Haß, Aggression usw.; Gefühle, die in Verbindung mit einer rein emotionalen, heißen Politik zerstörerisch, ja selbstmörderisch werden.

## *Der Brudermord im Hause Kyburg*

Eberhard, trotz seiner Jugend schon ein hoher geistlicher Würdenträger in Rom, zum Kardinal bestimmt nach sorgfältiger Erziehung zu christlicher Demut und Nächstenliebe, gebildet, ein hervorragender Lateiner, dessen Stil Bewunderung erregt, wird vom Papst, der ihn nur ungern ziehen läßt, aus seinem Priesterstande entlassen, um das Haus Kyburg vor dem Untergang zu retten. Düster reist Eberhard seiner vermisteten Heimat entgegen, reitet über die Alpen, schauerliche Abgründe, Schneegestöber, später gießt es in Strömen, längst ist sein Pferd verendet, sein Gepäck verloren, zu Fuß erreicht er Thun, die viertürmige Burg seiner Familie, hinkend, müde, durchfroren, durchnäßt, die Rüstung halb verrostet, sich nach dem sonnigen Rom zurücksehnend. Doch erlauben die Umstände keine Rückkehr. Sein einziger Bruder Hartmann, ein Haudegen fern jeder christlichen und zivilisatorischen Einsicht, hat sich mit der Stadt Bern verfeindet. Deren Anführer, Adrian von Ostermundigen, ist ein ebenso gewaltiger Falstaff und Schürzenjäger wie er, bleibt doch vor den beiden keine Jungfrau im Mittelland sicher. Zudem sind die verfeindeten Saufkumpane überaus große Würfler und Kartenspieler, der Ostermundiger der geschicktere. Hartmann verliert gegen den Berner im Spiel ein Dorf um das andere, holt sich aber das Verlorene mit Waffengewalt zurück, worauf die Dörfer vom Ostermundiger mit seinem wilden städtischen Gesindel aufs neue erobert werden; so geht es hin und her, Vergewaltigungen, eingeschlagene Schädel, eingeäscherte Dörfer. Eberhard, seufzend seine geistlichen und stilistischen Studien verlassend, die Frage zum Beispiel, wie viele Engel wohl auf einer Nadelspitze Platz hätten, oder subtile Überlegungen den Ablativus absolutus betreffend, begibt sich widerwillig in die Niederungen einer handfesten, aber vertrackten, schlauen und pfiffigen, bald adligen, bald städtischen, bald dörflichen Politik. Er versucht die Vernunft durchzusetzen, Frieden zu stiften, verhandelt mit einer Engelsgeduld, redet bald mit seinem störrischen Bruder, bald mit dem noch stureren Ostermundiger, diskutiert in den Dorfpinten mit den Bauern, in den rauchigen Beizen der Stadt mit den Bürgern und macht sich mit seiner humanen Gesinnung und mit seinen vernünftigen Vorschlägen bei allen verhaßt, während sein gottloser Bruder und der nicht minder gottlose Ostermundiger trotz ihrem Unverstand, der alle schädigt, beim Volk immer populärer werden. Die Zeiten sind roh. Doch endlich scheint die Vernunft das dunkle Mittelalter zu durchdringen. Eberhard bringt die Parteien nach endlosen Verhandlungen in der halbgepfändeten und halbverfallenen Burg Hartmanns irgendwo im finsteren Emmental zusammen. Schweine in der Kemenate, Kühe in der Burgkapelle, Ziegen, Hühner, Mägde, teils haben sie dem Ritter schon geboren, viele mehrfach und ergiebig, teils sind sie von ihm erst geschwängert, die Bauern wagen sich nicht zu rühren, sonst knüpft sie der Kyburger an die Bäume, uneheliche Kinder rennen und kriechen ihrem gewalttätigen Erzeuger nach, der im Burghof herumwettert, die Bälger sind überall. Am Morgen des vereinbarten Tages besucht ein Erfinder die Burg. Er bringt das Urexemplar einer Waffe, die in den folgenden Jahrhunderten immer kriegstüchtiger werden wird, die Urkanone, noch ist sie im Anfangsstadium, mit Startschwierigkeiten behaftet. Der Ritter interessiert sich für die neue Waffe, wittert als alter Haudegen Zukunftsträchtiges, riecht neue kriegerische und taktische Möglichkeiten, seine Schulden nicht bezahlen zu müssen und den Bernern die verspielten Dörfer wieder abzujagen, ja wenn möglich, Bern zu erobern und zu schleifen. Aber er will Beweise. Er ist nur bereit, die Kanone zu kaufen, wenn es ihrem Erfinder gelingt, ihn über den Haufen zu schießen. Hartmann stellt sich in voller Rüstung vor die Kanone, umgeben von Scharen seiner Bankerte, klein, groß, verwildert, in Nasen bohrend, mit listig zwinkernden grünen Augen wie er. Der Kanonenbauer lädt sein unförmiges Instrument, doch geht es trotz aller Bemühungen nicht los, der erwartete Bombenschuß, der »Urknall«, wissenschaftlich zu reden, bleibt aus. Unterdessen sind Eberhard von Kyburg und Adrian von Ostermundigen eingetroffen, die Kinder werden weggescheucht, kehren immer wieder zurück. Die drei Ritter verhandeln um den Frieden, während der Erfinder sich weiter mit seiner Kanone beschäftigt, sie immer wieder neu lädt, Pulver hineinstopft, die Kugel ins Rohr rollen läßt, die Zündschnur anzündet, ins Rohr hineinguckt, die Bastarde ins Rohr hineingucken läßt, vergeblich, die Kugel kommt nicht. Im Moment jedoch, wie die drei Ritter den Frieden beschwören, geht die Kanone los. Die Neuzeit startet mit einem ungeheuren Knall, die drei gepanzerten Ritter werden über den Haufen geschossen, liegen quer übereinander, erheben sich wuterfüllt, auch Eberhard, trotz seiner christlichen Vorsätze, trotz seiner lateinischen Stilistik. Der Krieg zwischen Hartmann und den Bernern beginnt von neuem, heftiger, grausamer, sinnloser denn je, Hartmann muß zurückweichen, Adrian von Ostermundigen drischt seine Bauern zusammen, nur noch das Städtchen Thun bleibt; bis schließlich Eberhard handelt, ob all dem Unsinn wie von Sinnen, aller christlichen und philosophischen Grundsätze ledig. Nach einem letzten Versuch, seinen Bruder zur Vernunft zu bringen, diesen gotteslästerlichen Hurenbuben, diesen ungeheuerlichen Saukerl, der von allen geliebt wird. Er stößt im Schloß Thun den verwundeten Hartmann, der seinem humanen Bruder ein derart robustes Vorgehen nicht einmal im Traume zutraute, mit dem Schwert nieder, im Rittersaal, schmettert den immer noch Verblüfften, der schon den Geist aufgibt, die Wendeltreppe hinunter, endlos kollert es hinab, dann ein dumpfes Dröhnen, wie ein mächtiger Gongschlag, dann Stille. Die Thuner erheben sich. Mit Hartmann liiert durch seinen Lebenswandel, sahen sie in ihm ihren wahren Landesvater, den wohlerzogenen Eberhard mochten sie nie leiden, der Kerl konnte ja sogar lesen und schreiben. Sie stürmen die Burg, der Brudermörder flüchtet zu Adrian von Ostermundigen, worauf die Berner, vor der Weltöffentlichkeit moralisch gerechtfertigt, das Kyburgerreich annektieren. Still hinkt Eberhard davon, der Letzte seines Geschlechts, der Weltverbesserer, den Bergen zu, den Abgründen, den Lawinen entgegen, schon im ersten Schneesturm bleibt er stekken, kauert nieder, das Antlitz gegen Süden, etwas von Tacitus murmelnd, dann noch etwas Vergil, eine Zeile Horaz, das Mittelalter ist wieder dunkel.

## *Eine Schweiz zu feiern?*

Gespräch zum 1. August mit Alfred Defago

DEFAGO Vor einem guten Jahrzehnt haben Sie anläßlich des *Monstervortrags über Gerechtigkeit und Recht* an der Universität Mainz gesagt: »Auch Gutes läßt sich natürlich über die Schweiz sagen; sie ist unter anderem ein Kleinstaat, und ich halte den Kleinstaat für eine weitaus glücklichere politische Erfindung als den Großstaat.« Was ist denn für Sie glücklich an dieser politischen Erfindung Kleinstaat?

FD Dieser Satz ist natürlich nicht ganz genau. Die Schweiz ist nicht ein Kleinstaat, sondern ein Bund von Kleinstaaten. Es gibt ja auch nicht Schweizer, das heißt, es gibt nicht eine schweizerische Nation, sondern es gibt Deutschschweizer, Welschschweizer, Tessiner, Reste von Rätoromanen, etwas künstlich gepflegt, es gibt jüdische Schweizer, es gibt sogar einige mohammedanische Schweizer. Alle diese Schweizer sind aus sehr verschiedenen Gründen Schweizer geworden. Die Schweiz ist etwas, das historisch aus ganz bestimmten Gründen entstanden ist. Man könnte vielleicht etwas zusammengezogen sagen, Grenzbevölkerungen haben sich, um sich vor der Zentralisation durch eine entfernte Hauptstadt zu retten, zu einer Nation zusammengefunden. Die Schweiz ist ein Staatenbund und vor allem ein Kunststaat. Und wenn man das einmal begriffen hat, muß man sagen, ist die Schweiz etwas sehr Modernes und könnte etwas sehr Modernes sein. Wenn Sie zum Beispiel die heutige Europafrage nehmen: Europa kann ja nicht zu einer Nation gemacht werden, es müßte also irgendwie zu einer Art Schweiz gemacht werden.

DEFAGO Hat dann die Schweiz für Sie in diesem Sinne sogar einen gewissen Modellcharakter?

FD Ich liebe das Wort ›Modell‹ nicht so sehr – die Wirklichkeit sieht ja immer anders aus –, aber die Schweiz ist etwas sehr Zukünftiges und etwas sehr Modernes. Das möchte ich mal behaupten, unabhängig von dem, was in der Schweiz stimmt oder was in der Schweiz nicht stimmt; das ist etwas ganz anderes. Die Schweiz ist ein Land von verschiedenen Kulturen, und ich glaube nicht daran, daß diese Kulturen miteinander zusammenarbeiten. Ich sehe das zum Beispiel in Neuenburg. In Neuenburg weiß kein Mensch, was in Zürich geschieht, es interessiert die Neuenburger auch nicht. Das Zusammenleben der verschiedenen Kulturen, wie es geschildert wird, an das glaube ich nicht, weil es gar nicht da ist. Man lebt nebeneinander, aber nicht miteinander.

DEFAGO Was sagen Sie dann zu den Klagen, die gerade in den letzten Monaten sehr häufig vorgetragen werden hier in der Westschweiz, daß es einen ständig größer werdenden Graben zwischen Welsch und Deutsch gäbe?

FD Ich glaube gar nicht so sehr an diesen Graben. Das ist wahrscheinlich ein Graben, den Sie mehr im Wirtschaftlichen sehen. Wenn die Welschschweizer nach Zürich gehen, wollen sie Welschschweizer bleiben, und sie bleiben auch hartnäckig Welschschweizer; das ist ganz normal. Ich glaube nur nicht an dieses Märchen von kultureller Zusammenarbeit. Das wollen die Welschschweizer gar nicht, es interessiert sie überhaupt nicht.

DEFAGO Sie würden also dieses Nebeneinanderleben von zwei Kulturen – welsch–deutsch – nicht einmal als einen großen Nachteil empfinden?

FD Nein, das ist ein Vorteil. Das ist ja gerade das Tolle, daß Kulturen zusammenleben können, ohne daß es Reibungen gibt. Drum bedaure ich das ganze Jura-Problem* so. Das ist ja ein Problem zwischen Nordjurassiern und Südjurassiern, und die Nordjurassier begreifen nur nicht, daß die Südjurassier sich diesem Mythos, es gebe ein jurassisches Volk, nicht anschließen. Die Schweiz ist interessant als Kunstgebilde, als ein Zusammenleben von Menschen, von denen ein jeder ein ganz anderes Heimatgefühl hat, eine andere Sprache. Ein Welschschweizer denkt an den Genfersee oder an den Neuenburgersee oder ans Waadtland, er hat ein anderes Heimatgefühl als der Ostschweizer. Es gibt verschiedene Heimaten. Die Schweiz ist ein Mutterland und nicht ein Vaterland.

DEFAGO Was heißt das?

FD Das würde ich so definieren: Die Gefahr der Großstaaten besteht in der Umfunktionierung des Staates in ein Vaterland, das gefährlich wird. Man stirbt ja nicht für einen Staat, man stirbt für ein Vaterland; man geht für das Vaterland in den Krieg; es ist ehrenvoll, fürs Vaterland zu sterben. Aber was ist ein Staat? Es ist eine Institution, die funktionieren muß. Ich gehe ungern in den Krieg, um das Funktionieren der Schweizerischen Bundesbahnen zu verteidigen, wenn Sie so wollen. Die Gefahr des Emotionellen bei einem Großstaat – und der Mensch ist ja ein emotionelles und

* Siehe dazu S. 119 dieses Bandes und die Anmerkung dort.

hauptsächlich ein irrationales Wesen – ist viel größer. Der Kleinstaat hat die große Fähigkeit, den Menschen zu entschärfen. Drum bin ich ein großer Föderalist. Ich bin zum Beispiel für den Ständerat, weil er ein Hemmschuh ist; wir brauchen nämlich Hemmschuhe. Das macht gar nichts, denn in der Schweiz haben wir jetzt verschiedene Skandale, aber wenn die Schweiz zentralisiert wäre, dann wären alle die andern Skandale, die wir zum Beispiel im Wallis haben oder im Tessin, Staatskrisen; bei uns werden sie Kantonskrisen, das heißt, wir sind entschärfter. Ein Kleinstaat hat die Bestie Mensch besser im Griff.

DEFAGO Sie sprechen jetzt immer, ohne es mit diesem Wort zu bezeichnen, von den Vorteilen des Kleinstaates. Haben Sie nie das vielzitierte Unbehagen am Kleinstaat erlebt oder gespürt, das Unbehagen an der Enge dieses Kleinstaates, wie es manche ausgedrückt haben?

FD In der heutigen Welt von Enge zu reden, wo jedermann reist, ist für mich etwas sehr Gekünsteltes. Wenn ich fragen würde: Wo sehe ich Enge, wo kann ich Enge feststellen? – dann stelle ich das nicht in der deutschen Schweiz fest, da ist es eigentlich gleichgültig, ob ich Schweizer bin. Ich persönlich lebe von Deutschland, ich habe mehr deutsche Leser als schweizerische Leser. Aber der Welschschweizer ist viel mehr von dieser Enge betroffen. Warum? Weil Frankreich ein dermaßen zentralisiertes Land ist, da ist der Welschschweizer der Fremde, und der spricht nicht das gute Französisch. Ich hab immer Krach gehabt mit jedem französischen Theater. Angeblich war die Übersetzung, die ich von Schweizern machen ließ, nie gutes Französisch; dann haben sie mir eine Übersetzung gemacht, die war ebenso schlecht oder ebenso gut. Es ist eine fixe Idee: Nur ein Franzose kann Französisch, nicht der Welschschweizer. Der Welschschweizer leidet darunter, daß er ein abgesplitterter Franzose ist. Diese Zentralisierung gibt es im Deutschen nicht, davon profitieren wir natürlich.

DEFAGO Sie empfinden also diese Enge, zumindest für die deutsche Schweiz, nicht so sehr. Doch wo liegen denn jetzt für Sie die eigentlichen negativen Seiten des Kleinstaates Schweiz?

FD Ich glaube daran, daß die Gründe, aus denen die Schweiz entstanden ist, nicht mehr vorhanden sind. Die Schweiz ist heute in einer ganz anderen politischen Landschaft als zu der Zeit, da sie entstand. Das ist natürlich. Und wo liegt nun der Sinn, der die Schweiz zusammenfügte? Die Schweiz ist geworden – aber was ist sie geworden? Welche Aufgabe hat heute die Schweiz zu erfüllen? Wo liegt der Sinn? Das ist das, was ich die politische Frage nenne, die politische Aufgabe, vor der wir stehen. Wir kommen in der Schweiz immer mit der Freiheit, und wir verwechseln Freiheit mit Unabhängigkeit. Ich bin absolut für die Unabhängigkeit, aber was heißt nun eine unabhängige Schweiz, die an sich keinen Sinn hat? Ich muß ja glauben können, daß die Schweiz eine Aufgabe zu erfüllen hat – aber wenn sie keine Aufgabe zu erfüllen hat, warum will ich sie dann verteidigen? Unser Abwehrwille, unsere riesige Armee, unsere Kosten, ja für was denn? Ich bin auch darum leidenschaftlicher Kleinstaatler, weil gerade die Kleinstaaten eine ungeheure Fähigkeit haben zu überleben. Wir leben ganz irrational. [Immer heißt es:] ›Wenn wir uns nicht gewehrt hätten, wäre Hitler gekommen.‹ Erstens brauchten wir uns gar nicht zu wehren, er kam ja gar nicht; Dänemark zum Beispiel hat sich überhaupt nicht gewehrt, ich will gar nicht von Österreich reden, die haben ihn jauchzend empfangen. Die Fähigkeit eines Volkes zu widerstehen hängt nicht mit seiner Armee zusammen. Natürlich kommt ein Volk durch harte Zeiten, das will ich ihm gar nicht absprechen.

DEFAGO Würden Sie also sagen, daß die Armee bei uns ein Mythos ist?

FD Was ich der Armee vorwerfe, ist ihre Nibelungenstrategie, wonach der Untergang der Schweizer Armee quasi der Untergang der Schweiz ist. Das ist natürlich Blödsinn. Wir haben eine andere, eine weniger luxuriöse Armee auszubilden, aber eine Armee, die eben im Widerstand steht. Wir haben einen Mythos der Armee. Wir reden von Sempach. Warum kommen [die siegreichen Schlachten von] Murten und Sempach in allen 1.-August-Reden vor, aber warum reden wir nie von Napoleon [der die Schweiz von 1798 bis 1803 besetzt hielt]? Das war ein Zusammenbruch der Schweiz, ein sehr heilsamer Zusammenbruch, der eigentlich die moderne Schweiz machte. Und Napoleon, was hat er gemacht gegen Bern? Einen Blitzkrieg. Wie es da zuging, von dem schweigen wir. Es gibt für mich historische Ärgernisse in der Schweiz, zum Beispiel das blödsinnige Löwendenkmal* in Luzern, diese blödsinnige Schweizergarde, die sich für einen König wehrt; wie sich das Löwendenkmal gegen die Geschichte stemmt, ist für mich ein entsetzliches Symbol dafür, was der Schweizer sein soll. Das ist ja nicht

* Denkmal zur Erinnerung an den Untergang der Schweizegarde beim Sturm der Revolutionsanhänger auf die Tuilerien am 10. 8. 1792 in Paris.

der Schweizer. Der Schweizer soll eben nicht dieser Löwe sein, der sich für einen König opfert, der an sich verloren ist. Das ist doch grotesk.

DEFAGO Sie suchen also immer noch den Sinn der Schweiz, den Sie offenbar gar nicht finden?

FD Nein. Der Sinn der Schweizer ist, einen Staat zu finden, der funktioniert, der durchsichtig ist, der demokratisiert ist. Die Gefahr des Großstaates liegt darin, daß er glaubt, er sei gegeben. Frankreich ist gegeben, Deutschland ist gegeben, sie haben eine große Vergangenheit, sind ungeheuer stolz. Wir können nicht so stolz sein auf unsere Vergangenheit, das ist das sehr Lustige in der Schweiz. Wenn ich mir denke, das ganze Mittelalter hindurch waren wir so etwas wie die SS-Truppe in Europa. Was haben wir denn gemacht in Frankreich? Wir, die Schweizer, haben hauptsächlich Hugenotten verfolgt. Wir waren Söldner, der Krieg war unser Exportartikel. Natürlich waren die großen Völker nicht besser als wir. Der Schweizer ist wie alle anderen Menschen auch. Der Mensch ist nun einfach ein Raubaffe und ein aggressives Wesen, ich richte nicht, ich sehe den Schweizer nicht besser, aber auch nicht schlechter, und vor allem nicht dümmer, und ich habe überhaupt kein Minderwertigkeitsgefühl, Schweizer zu sein. Ich bin ein Mensch, und welche Marke, das ist mir vollständig egal.

DEFAGO Es bleibt aber immer noch die Frage nach dem Sinn und der Aufgabe des Staates.

FD Was ist die Aufgabe des Staates? Wir können nicht mit unserer Vergangenheit protzen, darum bin ich gegen die 1.-August-Reden. Die Aufgabe ist das Funktionieren unseres Kleinstaates, und zwar das Funktionieren eines sehr komplizierten, sehr kunstvollen Staates. Und das ist eine große Aufgabe. Das ist die Aufgabe, vor der die Menschheit überhaupt steht. Wenn ich vergleiche, was heute das Gefühl ist, das alle Menschen beherrscht? Das ist das Gefühl der Ohnmacht dem Staat gegenüber. Sprechen Sie mit Schweizern. Da hören Sie überall das gleiche: ›Die machen sowieso, was sie wollen; wenn wir so stimmen, machen sie sowieso das Gegenteil.‹ Überall, ob Sie jetzt in Deutschland sind, ob Sie in Rußland sind, haben Sie das Gefühl: Der Staat ist ein Gebilde geworden, dem gegenüber wir ohnmächtig sind. Und dieses Gefühl zu besiegen, das heißt wieder Macht, wieder Kontrolle gegenüber dem Staat zu bekommen, das ist die Aufgabe der Institutionen – das Zusammenleben der Menschen möglich zu machen, und zwar das Zusammenleben eines sehr, sehr komplizierten und eines sehr gefährlichen Wesens. Das ist eine ungeheure politische Aufgabe.

## *Die Schweiz*
## *Bemerkungen zu ihrer gegenwärtigen Lage*

Erstens: Die Schweiz ist eine Institution von größeren und kleineren Institutionen (Kantonen), die sich wiederum aus größeren und kleineren Institutionen (Gemeinden) zusammensetzen. Es gibt nicht Schweizer, das heißt, es gibt nicht eine schweizerische Nation, aber es gibt deutschschweizerische, welschschweizerische, italienische und rätoromanische Schweizer. Alle diese Schweizer sind aus sehr verschiedenen Gründen – historisch gesehen – Schweizer geworden. Grenzbevölkerungen von vier Nationen, wobei die Rätoromanen nie einen Nationalstaat besaßen, haben sich zu einer Institution, nicht zu einem Nationalstaat, sondern zu einem Bund von Staaten, zu einem Kunststaat zusammengeschlossen – das ist das Moderne, könnte das Moderne sein: der schweizerische Staat als Kunststaat. Zweitens: Die Schweiz als Staat verschiedener Kulturen kann für diese Schweizer keine Heimat, sondern ein Ort von Heimaten sein, weil für diese Heimaten der Überbegriff Heimat fehlt. Die Schweiz ist für den Schweizer kein Vaterland, sondern ein Mutterland, das heißt, ich bin nicht in erster Linie Schweizer, sondern Berner oder Neuchâteler oder Zürcher oder Nord- oder Südjurassier. Drittens: Weil das Mutterland das Gegebene, das existentiell Dominierende ist, wird die Verwandlung der Institution Schweiz in ein Vaterland Schweiz die immerwährende Aufgabe, die stets neu zu lösen ist. Daß der Staat die selbstverständliche, aber auch die aufregende Aufgabe ist, liegt in der Chance begründet, daß die Schweiz ein Kleinstaat ist. Beim Großstaat wird der Staat, zum Vaterland geworden, leicht zum Übervater, zum dominierenden, zum erratischen Block, nicht mehr zur Aufgabe, sondern zum Gegebenen. Viertens: Indem das Vaterland nicht mehr das Gegebene, sondern die Aufgabe ist, muß immer wieder nach dem Grund gesucht werden, der die Institution zum Vaterland macht, das heißt, dieser Grund ist nicht selbstverständlich. Fünftens: Ein Grund, der nicht selbstverständlich ist, kann nicht in etwas endgültig Historischem gründen. Jede Generation muß nach einer neuen Begründung suchen. Die Geschichte ist einer stetigen Veränderung unterworfen, zum Beispiel die Gründe, die zur Entstehung unseres Staates führten, existieren nicht mehr, so wenig wie die Habsburger noch existieren, die eine der Hauptursachen der Gründung der Eidgenossenschaft waren. Sechstens: Aber auch die politischen Prinzipien, die in der Vergangenheit herausgearbeitet wurden, sind nicht mehr unmittelbar einleuchtend, zum Beispiel die Neutralität: diese ist nicht ein moralisches, sondern ein zynisches Mittel, die Unabhängigkeit der Schweiz sicherzustellen. Sie schreibt der Schweiz ein Verhalten vor, das einem möglichen Angreifer mehr Vorteile gewährt, wenn er die Schweiz nicht angreift. Dieses Verhalten kann im militärischen oder im wirtschaftlichen Bereich liegen. Richelieu wehrte sich gegen das Ansinnen des französischen Königs, Neuchâtel zu annektieren, mit dem Hinweis, Frankreich brauche im Kampf gegen die Hugenotten die Schweizer als Elitetruppe. Hitler griff die Schweiz vor allem aus wirtschaftlichen Gründen nicht an, sie mußte für ihn arbeiten. Auch brauchte er unsre großen Tunnel, der Industrie Oberitaliens Eisen und Kohle zuzuführen. S i e b e n t e n s : Daß der Grund, weshalb Hitler uns nicht angriff, ein wirtschaftlicher und nicht ein militärischer war, führte die Schweiz in eine Krise, von der sie sich immer noch nicht erholt hat: Eine Volksarmee kann sich nicht ohne Schaden nie bewähren müssen, und sie mußte sich nie bewähren. Darum war es zwar möglich, die Schweiz im Zweiten Weltkrieg geistig zu verraten, während man die militärischen Landesverräter erschoß, ohne daß sich die Schweiz im Kriegszustand befand: Die Armee mußte irgendwie beweisen, was nie bewiesen werden konnte: daß sie sich bewähren würde. Unser Widerstand gegen Hitler, den wir nie geleistet haben, weil er uns nie angriff, ist ein gefährlicher Mythos geworden, der sich gegen die Schweiz selber richtet. An sich wäre das Blutbad, das angestellt worden wäre, sinnlos gewesen: Gerade kleine Völker haben die Eigenschaft, immer wieder, wenn auch nach schweren Zeiten, aufzutauchen: Norwegen hat sich nicht sonderlich gewehrt, Dänemark überhaupt nicht, am allerwenigsten Österreich, und sie sind wieder da. Ich führe Länder auf, die in politisch mit uns vergleichbaren Umständen waren [...]. A c h t e n s : Nun ist das ein historisches Argument. Daß Hitler verlieren würde, konnte man damals nicht mit absoluter Sicherheit voraussagen, ebensowenig wie es gewiß war, ob die Schweiz überhaupt nennenswerten Widerstand geleistet hätte, daß aber heute die bewaffnete Neutralität ein widersprüchlicher Mythos geworden ist, muß als sicher angenommen werden. Die politische Landschaft hat sich nach dem Zweiten Weltkrieg derart verändert – und zwar durch die wirtschaftlichen, politischen und zivilisatorischen Entwicklungen, die die politische Landschaft formen –, daß unser Land natürlicherweise militärisch ein NATO-Land geworden ist, das mit Engelszungen der Neutralität redet. Neuntens: Die Schweiz, begünstigt [dadurch], daß ihre Wirtschaft unzerstört aus dem Krieg hervorgegangen [war] – wenn auch moralisch etwas ramponiert, nicht ein Heldenvolk gewesen zu sein –, erlebte einen wirtschaftlichen Aufschwung ohnegleichen. Damit ging aber auch der Grund ihrer Existenz mehr und mehr verloren: Sie entwickelte sich aus einem Vaterland – das sie während des Krieges war, weil sein Grund im Überleben aller gesehen wurde – in eine Institution zurück, während sie sich wirtschaftlich ausdehnte; sie verfilzte sich immer mehr mit dem Westen als Sitz der Multis usw., wobei in diesem wirtschaftlichen System das schweizerische Bankgeheimnis die Rolle der Neutralität spielt. Sie ist die geschmierte Nabe, um die sich die Wirtschaft dreht. In einem derart wirtschaftlich entwickelten Staat, wie die Schweiz ihn heute darstellt, hat die Institution das Vaterland verschluckt. Zehntens: Mit der wirtschaftlichen Verfilzung kommt die politische. Wie die Schweiz wirtschaftlich mit dem Westen zusammengewachsen ist, [ist] sie [es] auch politisch: Sie ist ein Teil der westlichen Zivilisation, so sehr, daß das Politische nur noch emotional, aber nicht mehr faktisch eine Rolle spielt: Sie hat vor allem mit der westlichen Welt ein gleiches Feindbild entwickelt: den Osten. Ist dieser wirtschaftlich und politisch zentralisiert, ist der Westen wirtschaftlich und politisch dezentralisiert. Bei beiden Großgebilden ist die Bürokratie gleich stark. Der Unterschied der Institutionen liegt allein in der Struktur. Der Osten ist hierarchisch und imperialistisch strukturiert, politisch ein Imperium, der Westen föderalistisch: er stellt eine Föderation dar, einen mehr oder weniger losen Bund von Staaten, von denen der eine, die USA, eine gewisse Hegemonie ausübt. Diese Föderation ist wirtschaftlich so sehr verflochten, ja unentwirrbar ineinander verknäuelt, daß das Politische eigentlich nur noch ein Machtkampf unter den verschiedenen Anwärtern auf institutionelle Posten darstellt, ohne daß die Institutionen dadurch wesentlich geändert werden. Kann im Westen ein allgemeiner Abbau des Patriotismus festgestellt werden, nimmt dieser im Osten zu, er ist die einzige noch mögliche politische Form dem russischen Imperialismus gegenüber. Elftens: Zivilisatorisch haben wir unsere Eigenständigkeit ebenso eingebüßt wie im Politischen die Satellitenstaaten des Sowjetimperiums: Wir sind eingesponnen in ein Netz gleicher Informationen, gleicher Fernsehsendungen, gleicher Filme, ja sieht man genauer hin: gleicher Zeitungen, wir lesen die gleichen Bestseller usw., ja umstellt von den gleichen Fremdarbeitern. Die nationalen Unterschiede sind gleichsam museal und komisch geworden. Trachtengruppen, Jodlervereine, Alphornblasen – sie spielen die Rolle touristischer Merkwürdigkeiten, während der Tourismus alles überschwemmt, die Völkerwanderungen während der Ferien: Unsere Zivilisation baut das Emotionale, Patriotische, Vaterländische ab, da[s] nur noch im Unbewußten wurmt, im Haß gegen Fremdarbeiter usw. Dazu die gleichen Negativprobleme: Terrorismus, Krawalle, Drogensucht, Kriminalität.

## *Das gemästete Kreuz*

Der Patriotismus ist ein Glaube, wenn er auch mit Vaterlandsliebe übersetzt wird. Doch wird der Begriff Vaterland näher untersucht, gerät er ins Nebulose. Er ist kein rationaler Begriff, sondern ein emotionaler. Er ist ein Gefühl, das der Einzelne dem Staat gegenüber hegen kann und an das der Staat gerne appelliert. Er ist das Irrationale im Verhältnis des Einzelnen zum Staat. An sich ist der Staat eine Institution. Als Schweizer bin ich Mitglied der Institution Schweiz. Als Mitglied habe ich der Institution Schweiz gegenüber Rechte und Pflichten. Diese sind rational. Gesetzt, ich nenne die Institution einen Verein, ist die Schweiz ein Verein. Wäre sie ein Fußballclub, so hieße dieser F. C. Helvetia, und weil die Schweiz 1291 gegründet wurde, F. C. Helvetia 1291. Ein Fußballverein besteht aus Aktiv- und Passivmitgliedern. Die Aktivmitglieder sind jene, die in den verschiedenen Mannschaften des Vereins, in der A- und B-Mannschaft, in jenen der ersten bis fünften Klassen und in der Juniorenklasse Fußball spielen, und die Passivmitglieder jene, die nicht Fußball spielen, sondern nur die Mitgliederbeiträge zahlen. So rational der Verein auch geplant ist, ein irrationales Element schleicht sich dennoch ein, wie in jeden Fußballclub. Nicht durch die Statuten des Vereins, sondern durch dessen Sinn. Dieser liegt bei einem Fußballclub im Fußballspiel, das Fußballspiel ist ein Kampfsport, der Sinn des Kampfsports liegt im Sieg. Damit kommt der Ruhm ins Spiel. Er stammt aus der vormenschlichen Zeit, und auch der Boss der Urhorde war berühmt, solange er die Männchen wegzubeißen vermochte, welche die Weibchen besteigen wollten, bevor er sie bestiegen hatte. Beim Fußball breitet sich der Ruhm nicht nur über die Fußballspieler der A-Mannschaft aus, die gespielt und gesiegt haben, sonden auch über sämtliche aktiven und passiven Vereinsmitglieder. Alle sind stolz, Mitglieder des Fußballvereins zu sein, mit dem Stolz kommt der Glaube, als Mitglied des Fußballvereins mehr zu sein als ein Nichtmitglied und mehr als ein Mitglied eines anderen Fußballvereins, und dem Glauben folgt die Treue zu einer irrationalen Glaubensgemeinschaft, in die sich der Fußballverein verwandelt hat. Diese Treue ist für einen echten Fußballpatrioten durch nichts zu erschüttern, und stiege der Verein in die unterste Fußballiga ab. Eine solche Entfaltung der Gefühle ins Irrationale ist auch beim F. C. Helvetia 1291 zu beobachten und ohne sie seine Geschichte unverständlich. Der Verein war zwar klein, ohne Trainer und Masseur, aber mit einem Seelsorger, und der Gemeindepräsident war zugleich Vereinspräsident und Kassier. Man spielte auf der nächstbesten Wiese, als Tore Bohnenstangen, zwischen die man ein Seil spannte, aber die Siege über den F. C. Habsburg und den F. C. Burgund ließen aufhorchen. Der F. C. Helvetia 1291 galt als Fußballgroßmacht, bis die Niederlage der A-Mannschaft 1515 in Marignano andere Maßstäbe setzte. Der Verein gab die internationalen Kämpfe auf und beschränkte sich auf die Spiele innerhalb des Clubs. Daß dieser Entschluß dem Ruhm des F. C. Helvetia 1291 schadete, war zwangsläufig. Die guten Fußballspieler verließen den Club und wurden Fußballsöldner, sie spielten beim F. C. Frankreich, beim F. C. Spanien, beim F. C. Vatikan usw. Ihr Ruhm strahlte zwar etwas auf den F. C. Helvetia 1291 zurück, aber der Hauptruhm blieb bei den fremden A-Clubs, welche die Weltmeisterschaft unter sich ausmachten. Das Vereinsleben des F. C. Helvetia 1291 wurde nicht mehr durch eine A-Mannschaft zusammengehalten, die ihren Sinn verloren hatte, für den Ruhm des ganzen Vereins zu sorgen, dessen Tätigkeit verzettelte sich auf die Turniere innerhalb des Clubs. Langweilige Provinzligaspiele. Die Protestanten spielten gegen die Katholiken. Die Kämpfe untereinander befriedigten niemanden. Ein Ruhm, der nicht über den Verein hinaus wirkt, verblaßt. Auch waren die helvetischen Fußballsöldner längst nicht mehr so berühmt wie früher. Sie waren zu langsam geworden. Stoppen, schauen, passen, sie spielten zu bedächtig und wurden nervös, kamen sie in Tornähe. Clubinterne Kritiker behaupteten, die A-Mannschaft hätte international keine Chance mehr, eine Ansicht, die durch die Niederlage des F. C. Helvetia 1291 gegen eine französische Profimannschaft 1798 bestätigt wurde. Der F. C. Helvetia 1291 hätte von diesem Datum an fußballerisch keine Rolle mehr gespielt, hätten nicht unter der zerstörten Vereinstribüne einige Mitglieder des alten Vereins weiter an ihn geglaubt. Der Dialektik des patriotischen Glaubens ist keine Niederlage gewachsen. Nicht der Sieg ist wichtig, sondern der Wille zum Sieg. Es ist gleichgültig, ob man siegt oder nicht. Ist der Wille zum Sieg vorhanden, ist es unerheblich, ob überhaupt Fußball gespielt wird. Im Gegenteil, der Wille zum Sieg ist dann am stärksten, wenn nicht Fußball gespielt, sondern an den Verein geglaubt wird, der nicht mehr Fußball spielt. Dieser Glaube setzt jedoch wiederum den Glauben voraus, daß der nicht fußballspielende Fußballverein vollendet Fußball zu spielen vermag, wenn er will, was er aber nur will, wenn er muß, weshalb er öffentlich erklärt, daß er nicht will, wenn er nicht muß. Um aber glaubhaft zu machen, daß er nur Fußball spielen will, wenn er muß, gründete der alte Fußballverein den Neuen F. C. Helvetia 1291. Ein modernes Stadion wurde gebaut mit richtigen Toren statt der alten Bohnenstangen. Die Aktivmitgliedschaft wurde obligatorisch, Passivmitglieder die über Sechzigjährigen und die Frauen. Der Verein zählte 25 Kantonsmannschaften (jetzt 26). Die Kantonsmannschaften führten je nach ihrer fußballgeschichtlichen Größe Gemeindemannschaften. Fußballkämpfe zwischen den Kantonsmannschaften und zwischen den Gemeindemannschaften wurden verboten. Auch Freundschaftsspiele. Sie hätten vom Ausland als Vorbereitung für internationale Kämpfe gesehen werden können. So wurde nur trainiert, Elfmeter, Freistöße, Ecken getreten, geköpfelt, ja sogar gerempelt, aber ein richtiger Fußballmatch durfte nicht stattfinden. Auch ließ das Nicht-Fußball-Spielen helvetische Schieds- und Linienrichter auf internationalen Fußballplätzen nicht zu, sie hätten der Parteilichkeit bezichtigt werden können. Doch kam der Neue F. C. Helvetia 1291 während der letzten Weltmeisterschaft ins Zwielicht. Gerade weil er nicht teilnahm, entstand das Gerücht, der Verein habe den Verlierer der Weltmeisterschaft durch geheimes Doping, Massagen, Bally-Schuhe, ja Schiedsrichterbestechung, gefälschte Totozahlen unterstützt. Seine Nichtteilnahme an der Weltmeisterschaft schien bloß ein Vorwand, Geschäfte zu machen. Der Verein kam mit sich in Konflikt. Rundherum hatten

Sieger und Besiegte fußballerische Heldentaten vollbracht, der Verein vermochte keinen Star vorzuweisen, seine berühmten Torschützen und Verteidiger gehörten dem Mittelalter an, er hatte den Verdächtigungen nichts als seinen Glauben an die hypothetische Fußballstärke seines Vereins entgegenzusetzen. Gewiß, einen direkten Beweis dieser Stärke gab es nicht, aber einen indirekten. Bis jetzt hatte es niemand gewagt, ihn zum Kampf herauszufordern, der Neue F. C. Helvetia 1291 war der eigentliche Fußballweltmeister. Es war eine Flucht nach vorn. Das Training der Aktivmitglieder wurde verschärft, wer sich weigerte zu trainieren, ins Gefängnis geworfen, die Fußballsteuer erhöht, teure internationale Stars eingekauft, die geschont werden mußten. Leichtes Fitneßtraining, Massagen. Die internationale Fußballmüdigkeit half dem Verein, seine Krise zu überwinden. Weil niemand mehr spielte, wurden die Fußballvereine überall wieder ernst genommen. Es wurde international nur noch trainiert, wenn auch anders als früher. Intensiver. Das Training ersetzte gleichsam das Spiel, es war, als ob man sich auf eine letzte Weltmeisterschaft vorbereitete. Die internationalen Großclubs verdoppelten ihr Training, vervierfachten, verachtfachten es. Auch der Neue F. C. Helvetia 1291. Er hatte sich inzwischen zu einem Großclub entwickelt. Wenn nicht fußballerisch, so doch wirtschaftlich. Er war so mächtig geworden, daß er eigentlich kein Verein mehr war, sondern eine Firma, deren Nebenprodukte begehrt waren und exportiert wurden. Aus der einst bescheidenen Vereinsleitung mit Präsident, Aktuar und Kassier waren ein Verwaltungsratspräsident und Verwaltungsräte entstanden, ein Generaldirektor, ein Vizegeneraldirektor, ein geschäftlicher und ein technischer Direktor und die entsprechenden Vizedirektoren, ein Direktorium, ein Aktivmitgliederkomitee und eine Aktivmitgliederversammlung, sowie ein Passivmitgliederkomitee und eine Passivmitgliederversammlung. Niemand wußte, wer über wen und wer über was regierte, bald regierte der, bald jener, aber irgendwie wurde jeder regiert, weil es eigentlich die Sachen waren, die bestimmten, wer was mußte, produzieren, reproduzieren, herbeischaffen oder fortschaffen. Die Firma produzierte eigentlich alles, wenn auch in verschiedenen Mengen, nicht nur Schuhe und Schienbeinschoner wie früher, sondern auch Valium, Turbinen, Käse, Chips (kartoffelige und elektronische), Seilbahnen, Schokolade, Uhren, Villiger-Stumpen, Milchpulver, Insektenvertilgungsmittel, Schuhe, Schriftsteller, Literaturprofessoren, Textilien, Hoteliers, Zahnpasta, Maler, Komponisten, Nummernkonti, Bankgeheimnisse und Notenwäschereien. Am Fußball waren nur noch die Trainer interessiert, und weil alle Generaldirektoren, Verwaltungsräte und Oberlehrer Trainer waren, gab es viele Trainer. Man trainierte bloß noch, um die Trainer zu beschäftigen, die wiederum vorgaben, das Training sei nötig, um einen möglichen Gegner abzuschrecken. Wichtig war daher die Taktik. Zwar hatten die internationalen Mannschaften erklärt, aufs Fußballspielen zu verzichten und nur noch Fußball trainieren zu wollen, damit, würde doch ein Verein gegen jene Abmachung Fußball spielen, sie imstande wären, alle Angriffe der feindlichen Stürmer abzuwehren, aber es war zu offensichtlich, daß ihr Training ganz auf Angriff ausgerichtet war. Der Neue F. C. Helvetia 1291 beschloß, ganz und gar auf Verteidigung zu trainieren. Der Entschluß ging auf die letzte Fußballweltmeisterschaft zurück, bei der der Neue F. C. Helvetia 1291 zwar nicht teilgenommen, aber für den Fall, sollte doch jemand angreifen, eine Taktik vorgesehen hatte, die abschrecken mußte, nämlich die, alle Spieler auf der Torlinie im Tor zusammenzuziehen, ja man ging so weit, alle Spieler hinter der Torlinie im Tor zu versammeln und dieses zuzunageln. Diese Idee der absoluten Sicherheit wurde nun zwar aufgegeben, aber an dem reinen Verteidigungsfußball weiter festgehalten. Den Spielern wurde verboten, während des Spiels – falls es einmal stattfinden sollte – die gegnerische Platzhälfte zu betreten. Drei Stürmer hatten die Aufgabe, den feindlichen Angriff so weit als möglich zu stören, während die sieben anderen Feldspieler den Sechzehnmeterraum zu verteidigen hatten. Diese Spielweise wurde auf allen Trainingsplätzen geübt, in der Meinung, es gebe nur einen möglichen Gegner. Der Schock war deshalb groß, als ausgerechnet dieser mögliche Gegner erklärte, da niemand mehr Fußball spiele, halte er auch das Fußballtraining für überflüssig. Diese Meinung verunsicherte den Neuen F. C. Helvetia 1291 aufs tiefste, besonders weil sie vielen trainingsmüden Aktiv- und fußballdesinteressierten Passivmitgliedern einleuchtete, bestand doch für sie der Sinn des Fußballtrainings längst nicht mehr im Warten auf einen Gegner, sondern in der Folklore und in der eigentlich sinnlosen, aber kostspieligen Beschäftigung der Trainer. Doch sie vergaßen den Glauben, der den Neuen F. C. Helvetia 1291 zusammenhielt, denn ohne Glauben, sie sei mehr als eine Firma, bleibt eine Firma nur eine Firma, und so blieb denn dem Neuen F. C. Helvetia 1291 nichts anderes übrig, als auf die alten Ideale zurückzugreifen, als auf etwas Vaterländisches, Irrationales, das wie ein gespensterhaftes Gebilde neben dem Firmentrust Helvetia haust als eine Art Phantomverein, der fürs Vaterland Fußball spielen würde, wenn es nötig wäre, auch wenn niemand mehr glaubt, daß es einmal nötig sein würde, und wenn es doch einmal nötig wäre, würde man es ohnehin unterlassen, Fußball zu spielen, denn man tut ja nur so, als könne man Fußball spielen, und so trainieren denn die Aktivmitglieder weiter, schieben sich Bälle zu, dribbeln, köpfeln und schießen ihre jährlich vorgeschriebenen Elfmeter im Gedenken an die Siege vor einem halben Jahrtausend, um sich nach dem Training verschwitzt in Reih und Glied aufzustellen. Aber weil alle nur tun, als könnten sie Fußball spielen, in der Gewißheit, sie vermöchten zu siegen, wurde die Gesinnung wichtig, die darin besteht, so zu tun, als hätte das Fußballtraining und damit der F. C. Helvetia 1291 noch einen Sinn. Eine Vereinspolizei wurde eingesetzt, um zu untersuchen, wer die Gesinnung nicht mehr hatte, man müsse so tun, als wäre das Fußballtraining wichtig, so daß diese entweder ohne die notwendige Gesinnung trainierten oder sich gar weigerten, Fußball zu trainieren, auch war es möglich, daß einige zwar noch an einen Sinn des F. C. Helvetia 1291 glaubten, aber am Sinn des Fußballtrainings, ja des Fußballspiels zweifelten. Nur auf jene Aktiv- und Passivmitglieder war Verlaß, die wirklich an den Sinn des Fußballtrainings und an den Sinn des F. C. Helvetia 1291 glaubten, so daß für die Vereinspolizei nur noch wenige der in Reih und Glied Aufgestellten vertrauenswürdig blieben. Doch Verein bleibt Verein, aufgestellt bleibt aufgestellt. Auf ihren roten Fußballeibchen haben sie ein Zeichen aufgenäht, das einst Angst und Schrecken verbreitete, in dessen Namen die abgeschlachtet wurden, die sich nicht zu ihm bekehrten, und sich die abschlachteten, die sich zu ihm bekannten. Ein Kreuz. Aber es ist kein gefährliches Kreuz mehr, auch nicht eines, woran jener genagelt werden könnte, der gekommen ist, den Menschen Frieden zu bringen, und das Schwert brachte. Es ist ein Kreuz, zusammengesetzt aus fünf Quadraten, als wären zwei Doppelbetten kreuzweise ineinander montiert, ein heraldischer Horror, ein gemästetes Kreuz, ein weißes Wohlstandskreuz, ein Kreuz für jene, die so tun, als wären sie Christen, um nicht Christen, als wären sie unabhängig, um nicht frei, und als wären sie Fußballspieler, um nicht Fußballspieler sein zu müssen, die wissen, daß es längst nicht mehr das Kreuz des Neuen F. C. Helvetia 1291, sondern ein Firmenkreuz ist, beinahe immer noch ein Gütezeichen.

## *Die Schweiz – ein Gefängnis*

Rede auf Václav Havel

Sehr geehrter Herr Staatspräsident,
lieber Václav Havel

An der Protestveranstaltung, die 1968 im Basler Stadttheater gegen den Einmarsch der Truppen des Warschauer Pakts in die Tschechoslowakei stattfand, nahm auch ich teil und schloß meine Ansprache mit den Worten: »In der Tschechoslowakei verlor die menschliche Freiheit in ihrem Kampf um eine gerechtere Welt eine Schlacht, doch nicht den Krieg: Der Krieg gegen die Dogmatiker der Gewalt geht weiter, mögen sie nun die Maske des Kommunismus, des Ultrakommunismus oder jene der Demokratie tragen. Wie dieser Kampf im Notfall in einem technisch entwickelten Land zu führen ist, wo es kein Ausweichen in den Dschungel gibt, zeigt uns das tschechoslowakische Volk, das, um zu überleben, seine Armee nicht einsetzt und nicht Nibelungen spielt und dennoch durch seinen gewaltlosen Widerstand ein Machtsystem erschüttert, tödlicher vielleicht, als wir zu ahnen vermögen.« Mehr als zwanzig Jahre sind seitdem vergangen. In Vietnam verloren die Vereinigten Staaten nicht nur den Krieg, auch die Ehre. Die Macht der Dogmatiker in Osteuropa ist zusammengebrochen, die waffenstarrenden Militärblöcke beider Seiten sind nutzlos geworden, ihr gegenseitiges Feindbild ist verlorengegangen, die beiden Supermächte werden in steigendem Maße nicht miteinander, sondern mit sich selber konfrontiert, der gewaltlose Widerstand fand in Ihnen, lieber Havel, seinen Repräsentanten, die Tschechoslowakei ihren Staatspräsidenten. Sie empfingen hier den Gottlieb-Duttweiler-Preis, den Preis eines Mannes, der in der Schweiz ebenso populär wie umstritten war, der sein Großunternehmen in eine Genossenschaft umwandelte und eine Partei gründete, die zu den wenigen Parteien zählt, die in der Schweiz noch zur Opposition gezählt werden können, wobei wir freilich vorsichtig sein müssen, gibt es doch hierzulande sogar eine Autopartei, die im Auto das heilige Symbol der Freiheit sieht und sich als Oppositionspartei betrachtet. Sie, lieber Havel, haben den Preis, wie es in der Begründung heißt, dafür erhalten, weil Ihr Name für Zivilcourage, Ehrlichkeit und Toleranz gegenüber anderen Auffassungen steht, für die unerläßliche Grundlage einer freien Entfaltung des Individuums in einem demokratischen Staat. Ein schöner Preis, ein schweizerischer Preis, aber irgendwie unumkehrbar. Ich kann mir nicht vorstellen, daß Sie einem schweizerischen Dienstverweigerer einen Václav-Havel-Preis verleihen würden für Zivilcourage, Ehrlichkeit, und – nun stutz' ich schon – inwiefern waren Sie dem Regime gegenüber, gegen das Sie protestierten, tolerant? Wohl nur, indem Sie die Möglichkeit, sich ins Ausland abzusetzen, ablehnten und die Strafe auf sich nahmen und ins Gefängnis gingen. Dadurch erreichten Sie den Sturz eines Regimes, während unsere Dienstverweigerer … – wir Schweizer sind nun einmal ein kriegerisches Volk, das seit fast zweihundert Jahren nie angegriffen wurde, aber sich verteidigen würde, würde es angegriffen, und zum Beweis, daß es sich verteidigen würde, wirft es diejenigen ins Gefängnis, welche die

Zivilcourage und die Ehrlichkeit haben zu erklären, sich unter keinen Umständen verteidigen zu wollen, würden sie angegriffen. Eine Milderung findet nur statt, ist nach der Meinung des Militärgerichts eine religiöse Neigung im Spiel, aber ist die Überzeugung gar politisch – wie es Ihre war, lieber Havel –, dann fällt in der Schweiz auf den politischen Dienstverweigerer die ganze Strenge des Gerichts, wie es auf Sie in der Tschechoslowakei fiel. So sind denn unsere Dienstverweigerer die schweizerischen Dissidenten. Sie erreichten bisher nichts. Nun, ich will als Schweizer militärisch nicht auftrumpfen, die Hussitenkriege unter dem blinden Feldherrn Žižka brachten Europa ins Schlottern, zugegeben, aber schon mehr als hundert Jahre bevor Hus in Gottlieben eingekerkert und in Konstanz verbrannt wurde, besiegte der Aargauer Rudolf von Habsburg am 28. August 1278 bei Dürnkrut auf dem Marchfeld mit seinen Schweizern König Ottokar II. von Böhmen, das 1526 für fast vierhundert Jahre endgültig unter die Herrschaft der Habsburger fiel, der erfolgreichsten Auslandschweizerfamilie, gegen deren Rückkehr ins Heimatland wir uns siegreich gewehrt hatten – man denke nur an Morgarten und Sempach. Leitete der Zusammenbruch der alten Eidgenossenschaft 1798 die Entstehung der neuen Eidgenossenschaft ein, so ging aus dem Ersten Weltkrieg 1918 die moderne Tschechoslowakei hervor. Beide Staaten sind Resultate einer Niederlage. Wir der eigenen, die Tschechoslowakei jener von Österreich-Ungarn. Dann kam Hitler. Im Berner Münster fand ein Dankgottesdienst statt, als die Großmächte 1938 die Tschechoslowakei im Stich ließen. Diese wehrte sich nicht, das Sudetenland wurde besetzt und wenig später die Tschechei in ein Protektorat und die Slowakei in einen Vasallenstaat verwandelt. Die Frage stellt sich, ob die Schweiz sich in gleicher Lage gewehrt hätte. Die Frage ist unbeantwortbar. Sie kam nie in diese Lage. Sie war für die Tschechen katastrophal, man denke nur an Lidice – sie mußten für Hitler arbeiten, und die Juden wurden vergast. Wir wurden nicht angegriffen, mußten jedoch auch für Hitler arbeiten, und die Juden, die wir an der Grenze zurückwiesen, wurden auch vergast. Nach dem Krieg fiel die Tschechoslowakei Stalin zum Opfer und der Politik seiner Nachfolger, nach der DDR und Ungarn wurde auch in diesem Land der Versuch, den Kommunismus menschlich zu gestalten und zu reformieren, gewaltsam verhindert. Sie, Václav Havel, schrieben darüber in Ihrem Essay *Ereignis und Totalität*: »In den fünfziger Jahren gab es in unserem Land riesige Konzentrationslager und darin Zehntausende unschuldiger Menschen. Auf den Baustellen der Jugend drängten sich dabei Zehntausende von Begeisterten des Neuen Glaubens und sangen Aufbaulieder. Es wurde gefoltert und hingerichtet, dramatisch über die Grenze geflohen, konspiriert – und zugleich Feiergedichte auf den Haupt-Diktator geschrieben. Der Präsident der Republik unterschrieb die Todesurteile seiner nächsten Freunde, doch war es eigenartigerweise möglich, ihm hin und wieder auf der Straße zu begegnen. Der Gesang der Idealisten und Fanatiker, das Toben der politischen Verbrecher und Leiden der Helden gehört seit Menschengedenken zur Geschichte. Die fünfziger Jahre waren zwar eine böse Zeit, doch solche hat es in der Menschheitsgeschichte häufig gegeben. Immer noch konnte man sie diesen Zeiten zuordnen oder zumindest mit ihnen vergleichen; immer noch erinnerte sie irgendwie an Geschichte. Ich würde nicht wagen zu behaupten, in dieser Zeit sei nichts geschehen oder sie habe das Ereignis nicht gekannt. Das grundlegende programmatische Dokument der politischen Macht, die nach der sowjetischen Invasion im Jahre 1968 in der Tschechoslowakei installiert wurde, hieß *Belehrung aus den Krisenjahren*. Darin war etwas Symbolisches: diese Macht hat sich wirklich belehrt. Sie hat gemerkt, wohin es führen kann, wenn der Pluralität der Ansichten und Interessen das Tor auch nur einen Spaltbreit geöffnet wird: zur Bedrohung ihres totalitären Wesens selbst. So belehrt, verzichtet sie auf alles außer der Erhaltung ihrer selbst: alle Mechanismen der direkten und indirekten Manipulation des Lebens begannen in einer Art Eigendynamik sich in bisher ungekannte Formen auszuwachsen; nichts durfte mehr dem Zufall überlassen bleiben. Die letzten neunzehn Jahre in der Tschechoslowakei können fast als Schulbeispiel für ein ausgereiftes oder spättotalitäres System dienen: revolutionäres Ethos und Terror wurden abgelöst von dumpfer Unbeweglichkeit, alibistischer Vorsicht, bürokratischer Anonymität und geistlosem Stereotyp, deren einziger Sinn darin besteht, immer vollkommener zu dem zu werden, was sie sind. Der Gesang der Begeisterten und das Klagen der Gefolterten sind verklungen; die Rechtlosigkeit hat sich Seidenhandschuhe angezogen und ist aus den berüchtigten Folterkammern umgezogen in die gepolsterten Büros der Bürokraten. Den Präsidenten der Republik kann man höchstens einmal hinter den Panzerglasscheiben seines Autos erblicken, wenn er, umgeben von einem Polizeikonvoi, zum Flugplatz rast, um Oberst Ghadafi willkommen zu heißen. Das spättotalitäre

System stützt sich so auf raffinierte, komplexe und mächtige Manipulationsinstrumente, daß es Mörder und Ermordete nicht nötig hat. Um so weniger benötigt es eifernde Erbauer von Utopien, die mit ihren Träumen von einer besseren Zukunft Unruhe stiften. Der Begriff ›realexistierender Sozialismus‹, den sich diese Ära für sich selbst ausgedacht hat, deutet an, für wen darin kein Platz ist: für Träumer.« Und wenn Sie, Václav Havel, nun als Staatspräsident, in Ihrer Neujahrsansprache 1990 auf den Inhalt Ihrer Träume näher eingingen und ausführten: »Vielleicht werden Sie fragen, von welcher Republik ich träume. Ich antworte Ihnen: von einer selbständigen, freien, demokratischen, wirtschaftlich prosperierenden und zugleich sozial gerechten Republik, kurz gesagt von einer menschlichen Republik, die dem Menschen dient und deshalb die Hoffnung hat, daß der Mensch auch ihr dienen wird. Von einer Republik allseitig gebildeter Menschen, weil ohne sie keines unserer Probleme gelöst werden kann, sei es menschlich, ökonomisch, ökologisch, sozial oder politisch«, so träumen viele Schweizer, daß sie in einer solchen Republik leben, gewissermaßen im Traum, den Sie, Václav Havel, träumen. Doch die Wirklichkeit, in der die Schweizer träumen, ist anders. Als Dramatiker, lieber Václav Havel, haben Sie die Wirklichkeit, in der Sie gelebt haben, bevor der politische Dogmatismus zusammenbrach, in Bühnenstücken dargestellt, die viele Kritiker zum absurden Theater zählen. Für mich sind diese Stücke nicht absurd, nicht sinnlos, sondern tragische Grotesken, ist doch das Groteske der Ausdruck der Paradoxie, der Widersinnigkeit, die entsteht, wenn eine an und für sich vernünftige Idee, wie sie der Kommunismus darstellt – läßt sich eine gerechtere Gesellschaftsordnung denken –, in die Wirklichkeit verpflanzt wird – auch das Urchristentum war schließlich kommunistisch, und was ist aus dem Christentum geworden? Durch den Menschen wird alles paradox, verwandelt sich der Sinn in Widersinn, Gerechtigkeit in Ungerechtigkeit, Freiheit in Unfreiheit, weil der Mensch selber ein Paradoxon ist, eine irrationale Rationalität. So läßt sich Ihren tragischen Grotesken auch die Schweiz als Groteske gegenüberstellen: als ein Gefängnis, als ein freilich ziemlich anderes, als es die Gefängnisse waren, in die Sie geworfen wurden, lieber Havel, als ein Gefängnis, wohinein sich die Schweizer geflüchtet haben. Weil alles außerhalb des Gefängnisses übereinander herfiel und weil sie nur im Gefängnis sicher sind, nicht überfallen zu werden, fühlen sich die Schweizer frei, freier als alle andern Menschen, frei als Gefangene im Gefängnis ihrer Neutralität. Es gibt nur eine Schwierigkeit für dieses Gefängnis, nämlich die, zu beweisen, daß es kein Gefängnis ist, sondern ein Hort der Freiheit, ist doch von außen gesehen ein Gefängnis ein Gefängnis und seine Insassen Gefangene, und wer gefangen ist, ist nicht frei: Als frei gelten für die Außenwelt nur die Wärter, denn wären diese nicht frei, wären sie ja Gefangene. Um diesen Widerspruch zu lösen, führten die Gefangenen die allgemeine Wärterpflicht ein: Jeder Gefangene beweist, indem er sein eigener Wärter ist, seine Freiheit. Der Schweizer hat damit den dialektischen Vorteil, daß er gleichzeitig frei, Gefangener und Wärter ist. Das Gefängnis braucht keine Mauern, weil seine Gefangenen Wärter sind und sich selber bewachen, und weil die Wärter freie Menschen sind, machen sie auch unter sich und mit der ganzen Welt Geschäfte, und wie! und weil sie wiederum Gefangene sind, können sie nicht der UNO beitreten, und die Europäische Wirtschaftsgemeinschaft bereitet ihnen Sorgen. Wer dialektisch lebt, kommt in psychologische Schwierigkeiten. Weil auch die Wärter Gefangene sind, kann unter ihnen der Verdacht aufkommen, sie seien Gefangene und nicht Wärter oder gar frei, weshalb die Gefängnisverwaltung Akten von jedem anlegen ließ, von dem sie vermutete, er fühle sich gefangen und nicht frei, und weil sie das bei vielen vermutete, legte sie einen Aktenberg an, der sich, je weiter man forschte, als ein ganzes Aktengebirge erwies, hinter jedem Aktenberg tauchte ein neuer auf. Aber weil das Aktengebirge nur im Fall verwendet werden sollte, wenn das Gefängnis angegriffen würde, und da es nie angegriffen wurde, fühlten sich die Wärter, als sie von den Akten erfuhren, die über sie erstellt worden waren, plötzlich als Gefangene und nicht frei, sie fühlten sich so, wie die Gefängnisverwaltung nicht wollte, daß sie sich fühlten. Um sich aber wieder frei fühlen zu können und als Wärter und nicht gefangen, verlangten die Gefangenen von der Gefängnisverwaltung Aufschluß darüber, wer die Akten angelegt hatte. Aber da das Aktengebirge so gewaltig ist, kam die Gefängnisverwaltung zum Entschluß, daß es sich selber angelegt hatte. Wo alle verantwortlich sind, ist niemand verantwortlich. Die Furcht, im Gefängnis nicht sicher zu sein, hat das Aktengebirge hervorgebracht. Die Furcht ist nicht unbegründet. Wer möchte in einem Gefängnis, worin man frei ist, nicht Gefangener sein, und so ist das Gefängnis eine Weltattraktion geworden, viele versuchen Gefangene zu werden, was sie dürfen, wenn sie über die nötigen Mittel verfügen, die Freiheit ist schließlich etwas Kostbares, während die Unbemittelten womöglich im Gefängnis jene Sicherheit suchen könnten, die nur den freien Gefangenen zusteht, und wieder werden viele zurückgewiesen. Die Gefängnisverwaltung ist nicht zu beneiden. Einerseits gibt es zuwenig freie Gefangene, um das Gefängnis sauberzuhalten, die Luxuszellen, die Korridore, ja um die Gitter zu putzen, so daß von außen solche ins Gefängnis gelassen werden müssen, die, bloß um Geld zu verdienen, das Gefängnis renovieren, restaurieren, umbauen und in Gang halten, auf die wiederum jene Gefangenen, die zwar auch Geld verdienen, aber frei sind, wie auf Gefangene hinunterblicken, die nicht frei sind. Andererseits muß jedes Gefängnis etwas bewachen, aber wenn die Gefangenen als Wärter sich selber bewachen, geht der Verdacht um, daß die Wärter noch etwas anderes bewachen als sich selber, weshalb die Meinung immer stärker wird, der eigentliche Sinn des Gefängnisses liege nicht darin, die Freiheit der Gefangenen, sondern das Bankgeheimnis zu bewachen. Wie es auch sei, das Gefängnis prosperiert, und seine Geschäfte sind mit den Geschäften außerhalb seiner derart verfilzt, daß nach und nach Zweifel aufkommen, ob das Gefängnis überhaupt noch existiert, es ist ein Phantomgefängnis geworden. Um seine und damit ihre Realität zu beweisen, gibt die Gefängnisverwaltung für die Wärter, die ihre eigenen Gefangenen sind, Milliarden von Schweizerfranken für immer modernere Waffen aus, die wieder veralten und wieder neue nötig machen, ohngeachtet der Wahrscheinlichkeit, daß ein Krieg den Untergang dessen bedeuten würde, was sie zu verteidigen sucht. Sie leistet sich die Utopie, die Strategie der Nibelungen gewähre in einer technischen Welt der wachsenden

Katastrophenanfälligkeit eine absolute Sicherheit, statt zur Einsicht zu gelangen, gerade das Gefängnis Schweiz könne sich die Kühnheit leisten, seine Wärter abzuschaffen im Vertrauen darauf, seine Gefangenen seien nicht Gefangene, sondern frei, was freilich bedeuten würde, daß die Schweiz kein Gefängnis mehr wäre, sondern ein Teil Europas, eine seiner Regionen, wie ja überhaupt Europa trotz des Schocks der deutschen Vereinigung in seine Regionen zu zerfallen beginnt. So ist denn das Gefängnis in Verruf geraten. Es zweifelt an sich selber. Die Gefängnisverwaltung, die alles gesetzlich zu regeln versucht, behauptet, das Gefängnis befinde sich in keiner Krise, die Gefangenen seien frei, insofern sie echte gefängnisverwaltungstreue Gefangene seien, während viele Gefangene der Meinung sind, das Gefängnis befinde sich in einer Krise, weil die Gefangenen nicht frei seien, sondern Gefangene, eine interne Gefängnisdiskussion, die nur Verwirrung stiftet, weil die Gefängnisverwaltung sich anschickt, die angebliche Gefängnisgründung vor siebenhundert Jahren zu feiern, wenn auch damals das Gefängnis kein Gefängnis war, sondern ein gefürchtetes Raubnest. Nun wissen wir nicht, was wir feiern sollen, das Gefängnis oder die Freiheit. Feiern wir das Gefängnis, fühlen sich die Gefangenen gefangen, und feiern wir die Freiheit, so wird das Gefängnis überflüssig. Weil wir aber nicht ohne Gefängnis zu leben wagen, werden wir wieder einmal unsere Unabhängigkeit feiern, denn im unabhängigen Gefängnis unserer Neutralität ist es von außen für niemand auszumachen, ob wir gefangen oder frei sind. Kriege und Okkupationen können überstanden werden, wenn auch unter großen Opfern, die ich keinem wünsche, aber Ihr Land, und nicht zuletzt Sie, lieber Havel, haben es bewiesen, während wir Schweizer mit einem Widerstand, der nicht geprüft wurde, nichts bewiesen haben und beweisen. Es ist ein merkwürdiges Gefühl, lieber Havel, das mich befiel, als ich an dieser Rede schrieb, und das mich nun befällt, während ich sie halte. Es ist viel Verlegenheit in diesem Gefühl, denn allzuleicht können Sie nun als Beweis mißbraucht werden, daß unsere westliche Welt in Ordnung sei, daß es nichts Größeres gebe als die Freiheit. Man unterschlägt allzugern, was Sie in Ihrem Essay *Versuch, in der Wahrheit zu leben* geschrieben haben: »Es sieht nicht so aus, als ob die traditionellen parlamentarischen Demokratien ein Rezept zu bieten hätten, wie man sich grundsätzlich der ›Eigenbewegung‹ der technischen Zivilisation, der Industrie- und Konsumgesellschaft widersetzen könnte. Auch sie befinden sich in ihrem Schlepptau und sind ihr gegenüber ratlos. Nur ist die Art, wie sie den Menschen manipulieren, unendlich feiner und raffinierter als die brutale Art des posttotalitären Systems. Aber dieser ganze statische Komplex der erstarrten, konzeptionslosen und politisch nur noch zweckbedingt handelnden politischen Massenparteien, die von professionellen Apparaten beherrscht werden und den Bürger von jeglicher konkreter und persönlicher Verantwortung entbinden, diese ganzen komplizierten Strukturen der versteckt manipulierenden und expansiven Zentren der Kumulation des Kapitals, dieses allgegenwärtige Diktat des Konsums, der Produktion, der Werbung, des Kommerzes, der Konsumkultur, diese ganze Informationsflut – all dies, schon so oft analysiert und beschrieben, kann man wahrhaftig nur schwer als eine Perspektive, als einen Weg betrachten, auf dem der

Mensch wieder zu sich selbst findet.« Es tut gut, sich diese Sätze über unsere westliche Freiheit genau einzuprägen, um so mehr, als sie aus dem Kerker des dogmatischen realexistierenden Sozialismus kommen. Gewiß, wir rühmen uns unserer direkten Demokratie, gewiß, wir haben die Alters- und Hinterbliebenenversicherung und sogar das Frauenstimmrecht zur Verwunderung der Welt doch noch eingeführt, und privat sind wir versichert gegen Tod, Krankheit, Unfall, Einbruch und Brand: wohl dem, dessen Haus abbrennt. Die Politik hat sich auch bei uns aus der Ideologie in die Wirtschaft verzogen, ihre Fragen sind wirtschaftliche Fragen. Wo darf der Staat eingreifen, wo nicht, wo subventionieren, wo nicht, was besteuern, was nicht? Die Löhne, die Freizeit werden durch Verhandlungen bestimmt. Der Friede droht gefährlicher zu werden als der Krieg. Ein grausamer, aber kein zynischer Satz. Unsere Straßen sind Schlachtfelder, unsere Atmosphäre den Giftgasen ausgesetzt, unsere Ozeane Ölpfützen, unsere Äcker von Pestiziden verseucht, die Dritte Welt geplündert, schlimmer noch als einst das Morgenland von den Kreuzrittern, kein Wunder, daß es uns jetzt erpreßt. Nicht der Krieg, der Friede ist der Vater aller Dinge, der Krieg entsteht aus dem nicht bewältigten Frieden. Der Friede ist das Problem, das wir zu lösen haben. Der Friede hat die fatale Eigenschaft, daß er den Krieg integriert. Die Antriebskraft der freien Marktwirtschaft ist der Konkurrenzkampf, der Wirtschaftskrieg, der Krieg um Absatzmärkte. Die Menschheit explodiert wie das Weltall, worin wir leben, wir wissen nicht, wie es sein wird, wenn zehn Milliarden Menschen die Erde bewohnen. Die freie Marktwirtschaft funktioniert unter dem Primat der

Freiheit, vielleicht wird dann die Planwirtschaft unter dem Primat der Gerechtigkeit funktionieren. Vielleicht kam das Experiment Marxismus zu früh: Was kann der Einzelne tun? Was also nun? fragen auch Sie, Václav Havel. Der Einzelne ist ein existentieller Begriff, der Staat, die Institutionen, die Wirtschaftsformen allgemeine Begriffe. Die Politik hat mit dem Allgemeinen, nicht mit dem Existentiellen zu tun, aber muß sich an den Einzelnen wenden, um wirksam zu werden. Der Mensch ist mehr irrational als rational, seine Emotionen wirken auf ihn stärker als seine Ratio. Das nützt die Politik aus. Nur so ist der Siegeszug der Ideologien in unserem Jahrhundert zu erklären, das Appellieren an die Vernunft ist wirkungslos, besonders wenn eine totalitäre Ideologie die Maske der Vernunft trägt. Der Einzelne muß zwischen dem Menschenunmöglichen und dem Menschenmöglichen unterscheiden. Die Gesellschaft kann nie gerecht, frei, sozial sein, sondern nur gerechter, freier, sozialer werden. Was der Einzelne fordern darf und nicht nur darf, sondern auch muß, ist das, was Sie gefordert haben, Václav Havel, die Menschenrechte, das tägliche Brot für jeden, die Gleichheit vor dem Gesetz, Meinungsfreiheit, Versammlungsfreiheit, Transparenz, die Abschaffung der Folter usw., all das sind keine Utopien, sondern Selbstverständlichkeiten, Attribute des Menschen, Zeichen seiner Würde, Rechte, die den Einzelnen nicht vergewaltigen, sondern sein Zusammenleben mit den andern Einzelnen ermöglichen, Rechte als Ausdruck der Toleranz, Verkehrsregeln, um es grob zu sagen. Allein die Menschenrechte sind existentielle Rechte, jede ideologische Revolution zielt auf deren Abschaffung und fordert einen neuen Menschen. Wer hat ihn nicht schon gefordert.

Lieber Václav Havel, Ihre Aufgabe als Staatspräsident fällt mit der Aufgabe Václav Havels als Dissident zusammen. Sehr geehrter Herr Staatspräsident, Sie sind hier unter Schweizern, Schweizer haben Sie begrüßt, der schweizerische Bundespräsident hat Sie empfangen, ein schweizerischer Alt-Bundesrat die Laudatio gehalten, und ich, ein Schweizer, habe auch geredet, denn man redet viel in der Schweiz. Was sind wir Schweizer für Menschen? Vom Schicksal verschont zu werden ist weder Schande noch Ruhm, aber es ist ein Menetekel. Platon erzählt gegen Ende seiner *Politeia*, daß nach dem Tode die Seele eines jeden das Los zu einem neuen Leben wählen müsse: »Zufällig aber habe die Seele des Odysseus das allerletzte Los erhalten und sei nun herangetreten, um zu wählen. Da sie aber in Erinnerung an ihre früheren Mühsale allen Ehrgeiz aufgegeben hatte, sei sie lange Zeit herumgegangen und habe das Leben eines zurückgezogenen, geruhsamen Mannes gesucht und gerade noch irgendwo eines gefunden, das die anderen unbeachtet hatten liegen lassen. Und als sie dies entdeckt hatte, habe sie gesagt, sie würde ebenso gehandelt haben, wenn sie das erste Los bekommen hätte, und habe es mit Freude gewählt.« Ich bin sicher, Odysseus wählte das Los, ein Schweizer zu sein.

# Epilog

# *Vom Ende der Schweiz*

Bei den meisten unserer Mitbürger scheint die Existenz der Schweiz das selbstverständlichste der Welt zu sein. Sie glauben, daß der Staat, dem sie angehören, gesichert sei für alle Zukunft, wie der Boden, auf dem sie stehen und wie der Himmel, unter dem sie gehen. Wenn einer behauptet, auch dieser Staat müsse einmal vergehen, wie alles auf der Erde, und die Schweiz werde einst nur ein Begriff sein, wie Troja oder Karthago für uns Begriffe sind, so zucken sie die Achseln. Sie halten es für sehr natürlich, daß große Staaten um uns zusammenfallen wie Kartenhäuser, aber ebenso natürlich scheint es ihnen, daß unser kleiner Staat von all diesem Geschehen verschont bleibt, und sie stöhnen über jede neue Rationierung, als geschähe an ihnen ein Verbrechen. Wer aber gewohnt ist, die Dinge mit klaren Sinnen zu beobachten, und auch nicht zurückschreckt, das äußerste, schrecklichste in Betracht zu ziehen, wenn es notwendig ist, der muß gestehen, daß die Zukunft unseres Landes nicht ohne weiteres gesichert ist und daß Umstände eintreten können, die ein Weiterbestehen der Schweiz in Frage stellen oder gar unmöglich machen würden.

Wir wissen nicht, wann dies sein wird, zehn Jahre mehr oder weniger spielt in der Geschichte keine große Rolle, wie es bei einem Unheilbaren keine große Rolle spielt, ob er eine Woche mehr oder weniger zu leben hat, aber daß es möglich ist, beweisen gewisse Verräterprozesse der jüngsten Vergangenheit. Wie bei Menschen geht es auch bei den Staaten: Sie sterben auf jede denkbare und undenkbare Weise, durch Krankheit, Unglücksfälle, Selbstmord, oder sie werden getötet, wie Fliegen an der Wand getötet werden. Wir sehen, wie sich Staaten gegen eine ganze Welt erheben und endlich in ihrer Raserei zugrunde gehen, von den andern abgetan, wie Amokläufer abgetan werden, oder andere, die wie jene Burgen fallen, die Philipp von Macedonien durch einen mit Gold beladenen Esel einzunehmen pflegte. Es gibt bei den Völkern auch einen Tod durch das Alter, viele überleben sich selber und sind in Wahrheit Gespenster, ihr Staat funktioniert nur noch wie eine Maschine, mehr oder weniger gut, und bricht endlich in sich zusammen. Oft sind es gerade die sterbenden Völker, die noch einmal, kurz vor dem Ende, eine höchst komplizierte Staatsmaschinerie aufrichten, mit allen nur irgendwie denkbaren Raffinements, um dann beim nächsten Sturmwind einem hohlen Baume gleich zusammenzubrechen. Jeder Staat hat seine besondere Aufgabe zu erfüllen und hält eine besondere Stellung innerhalb der Staaten inne. Versagt er, oder hat sich die allgemeine Lage so verändert, daß er nicht mehr nötig ist, so verkümmert er im Lauf der Zeit, wie ein unnützes Glied verkümmert, und verschwindet endlich. Wir müssen gestehen, daß uns dies alles mit einer geheimen Sorge erfüllt. Es sind Anzeichen vorhanden, die auf eine Vergreisung der Schweiz hindeuten, wir brauchen nicht gerade an den Geburtenrückgang zu denken. Manchmal müssen wir uns an den Kopf greifen und uns vergewissern, ob wir noch leben. Vielleicht sind wir schon gestorben und sind Gespenster, die vom Leben träumen. Was heute in Europa geschieht, vermögen wir noch nicht abzuschätzen, aber die Frage ist am Platze, ob die Schweiz im neuen Europa überhaupt noch notwendig sein wird. Es ist eine dunkle Frage. Sie zu bejahen, wagen wir nicht, sie zu verneinen, zögern wir. Wir wissen von der Zukunft zu wenig. Die historische Aufgabe der Schweiz, die Alpenpässe zu hüten, genügt nicht mehr, ihr Dasein notwendig zu machen. Eine Schweiz als Fremdenkurort oder als Exporteur von Uhren, Käsen und Oerlikoner Maschinen berechtigt uns nicht, unsere Existenz als notwendig zu betrachten. Wir sind heute schon so weit, daß wir die Existenz der Schweiz fast nur ideell zu berechtigen vermögen und das ist schlimm. Wir sagen, die Schweiz sei ein leuchtendes Vorbild des Zusammenlebens dreier Völker und darum müsse man sie als ein Museumsstück aufbewahren, oder sie sei ein Jumpfernstift für Humanismus und Pädagogi[k] und darum im geistigen Europa von größter Wichtigkeit. Wir sind stolz, wenn hin und wieder Pläne auftauchen, wie das in Grund und Boden ruinierte Europa nach dem Muster der Schweiz zu renovieren sei. Wir wollen diese Dinge nicht unterschätzen, wir wollen nur vor Überschätzung warnen. Es sind viele, die glauben, eine neutrale Schweiz werde alle Gefahren überleben. Dies ist ein schöner Glaube, aber Berge wird er nicht versetzen. Die Gegenwart hat einigen neutralen Staaten bös mitgespielt, und wir wissen nicht, ob das zukünftige Europa noch neutrale Staaten will. In der Neutralität sehen wir nicht für alle Zeiten das Alpha und Omega der Schweiz; wir können uns Situationen denken, wo es mit dieser schönen Einrichtung endgültig vorbei ist. Vielleicht wollen jene Staaten, die auf unserem Kontinent mächtig sein werden, neutrale Staaten nicht mehr dulden, und wir werden uns, ob wir wollen oder nicht, dieser oder jener Kräftegruppe praktisch anschließen müssen. Wir wollen hier nicht untersuchen, wie weit dies schon der Fall war oder noch ist. Wenn die Vereinigten Staaten Europas ins Leben gerufen werden, wird die Schweiz in diesem neuen Großstaat aufgehen müssen. Neutralität ist eine Form der Politik und nicht ein Glaubensbekenntnis. Eine Neutralität des Herzens gibt es nicht bei Menschen aus Fleisch und Blut. Politische Formen müssen geändert werden, wenn die Lage es erfordert. Vor allem lehnen wir entschieden eine Neutralität ab, die den Bürgern ein bequemes Spießerdasein gewährt. Denen, die sich am köstlichsten amüsieren, wenn sie im Kino den Stalingradfilm sehen, würde es gut tun, in Stalingrad kämpfen zu müssen. Nur eine Neutralität hat Sinn, die für Europa nützlich ist. Die Neutralität ist ein Vorrecht, das wir uns verdienen müssen, indem wir helfen. Darum ist es unsere Pflicht, die Menschen aufzunehmen, die an unsere Grenze kommen, sollten wir auch weniger zu essen haben. Nur eine Schweiz, die den Flüchtlingen jeden Schutz und jede Hilfe gewährt, die irgendwie möglich ist, hat ein Anrecht da zu sein. Es ist unser erstes politisches Gebot, zuerst an andere zu denken und dann an uns. Für die Vertriebenen können wir nie genug tun, denn wir berechtigen so unsere Existenz. Jeder Löffel Suppe, den wir ihnen geben, ist mehr wert als sämtliche Reden unserer Landesväter und Professoren. Wenn es uns auch nie gelingen wird, ganz vor Überraschungen auf außerpolitischem Gebiet gesichert zu sein, so muß es uns dagegen gelingen, aus der Schweiz das zu machen, was zu machen ist. Wenn uns irgendein Staat vernichten will, so mag er dieses Ziel vielleicht schließlich erreichen, aber er soll uns nicht schwach antreffen und die Schuld soll nicht bei uns liegen. Kein Staat fußt so sehr auf der Gerechtigkeit wie die Schweiz. Nur in der Gerechtigkeit ist eine Freiheit möglich, die nicht Willkür ist. Gerechtigkeit ist die höchste Aufgabe der Schweiz. Vom Staat zu verlangen, er müsse einen Beethoven, einen Goethe oder einen Rembrandt hervorbringen, um weiterleben zu dürfen, wäre töricht, es ist nicht Sache des Staates, dies zu tun: Es ist Sache des Staates, die Gerechtigkeit zu verwirklichen. Dies ist vielleicht auf einigen Gebieten weitgehend der Fall, sicher aber nicht auf dem sozialen. Wir können nicht sagen, daß wir eine soziale Schweiz besitzen. Aber gerade dieses Problem ist das Problem unserer Zeit und wir wagen zu sagen, daß die Lösung dieses Problems entscheidend für unsere Zukunft sein wird. Es wird sich entscheiden, ob die Schweiz ein moderner Staat sein kann oder veraltet. Wir müssen begreifen, daß wir an einem Wendepunkt der Geschichte stehen. Eine zukünftige Schweiz ist nur als sozialster Staat der Welt denkbar, sonst wird sie als Kuriosum gelegentlich im Geschichtsunterricht späterer Generationen erwähnt werden. Eine soziale Schweiz zu errichten ist nicht Sache der Ausländer, und keine Siege irgendwelcher Völker über andere entscheiden darüber, auch nicht die Russen: es ist unsere Sache. Versagen wir, versagt die Schweiz, und es ist gleichgültig, wer uns dann einsackt. Es ist an uns, das Problem zu sehen, an uns, zu handeln. Was die Zukunft bringt, wissen wir nicht, aber daß wir handeln müssen, wissen wir. Sonst werden wir zu Grunde gehen, wie Kaufmännische Vereine zu Grunde gehen, die sich nicht mehr rentieren: Weil irgendeine Bank zusammengekracht, oder gar, weil der Kassier mit der Kasse durchgebrannt ist.

## *Kronenhalle*

1.

Ich bin an wenigen Orten daheim

Im Haus über dem See

Auf der andern Seite des Monds

Auf der Bühne des Schauspielhauses
Umstellt von Kulissen

Und in der Kronenhalle
In Mutter Zumstegs Reich

Die Leberknödelsuppe dampft
Aldo kommt mit dem Wagen angerollt
Und ich denke über einen Auftritt der Giehse nach

2.

An den Nachmittagen zwischen drei und vier
  Am Tisch
Zwischen den Glasscheiben

Wie hinter Silberstaub schläft die Katze
  Auf der Bank in der Ecke
Kein Gast wagt sie zu stören

Vor blauen Tramwagen manchmal
   Bewegen sich die Vorhänge

Geisterhaft auf die gleiche Scheibe gespiegelt
   Erscheint aber auch
Mein Gesicht und die fernere Theke

Schiebt sich
   Der Hintergrund vor den Vordergrund.

# *Nachweis*

Heinz Ludwig Arnold, *Friedrich Dürrenmatt und die Schweiz. Ein Panorama.* Originalbeitrag.

*Spaß an der Schweiz.* Manuskript. [ca. 1968] Signatur im Schweizerischen Literaturarchiv (SLA) FD-A-m187 II-D.

*Schweizerpsalm I.* 1950. Aus Werkausgabe in 37 Bänden. Zürich: Diogenes 1998 [im folgenden zitiert als FDWA]. Bd. 34. Politik. S. 177–178.
*Unternehmen Schweiz.* Titel v. d. Hrsg. Aus FDWA. Bd. 25. Justiz. [1959–60/1980/1985] S. 38–42.
*Mein verschontes Gefängnis Schweiz.* Titel v. d. Hrsg. Originaltitel: Der Winterkrieg in Tibet (Ausschnitt). Aus: FDWA. Bd. 28. Labyrinth. [ca. 1964–1981/1990] S. 59–69.
*Bomben auf Bern.* Titel v. d. Hrsg. Originaltitel: Der Winterkrieg in Tibet (Ausschnitt). ibid. [ca. 1964–1981/1990] S. 116–125, 134–136.
*Von heiligen Gütern.* Titel v. d. Hrsg. Aus FDWA. Bd. 8. Herkules und der Stall des Augias. 1963. Szenen 4, 9, 12, 15.

*Schweizerpsalm II.* 1950. Aus FDWA. Bd. 34. Politik. S. 179–182.
*Die Schweiz als Wagnis. Gespräch mit Alfred A. Häsler.* 1966. Aus Friedrich Dürrenmatt. Gespräche 1961–1990. Herausgegeben von Heinz Ludwig Arnold in Zusammenarbeit mit Anna von Planta und Jan Strümpel. Zürich: Diogenes 1996 [im folgenden zitiert als FDG]. Bd. 1. S. 252–274.
*Zur Dramaturgie der Schweiz.* Fragment. 1968/1970 [1964–1965/1968–1970]. Aus FDWA. Bd. 34. Politik. S. 60–76.
*Der schwierige Nachbar.* 1974 [1973]. ibid. S. 126–130.
*Bericht über zwei Miniaturen.* 1971. ibid. S. 115–118.
*Fingerübungen zur Gegenwart.* 1952. Aus FDWA. Bd. 32. Literatur und Kunst. S. 31–32.
*Persönliches über Sprache.* 1967. ibid. S. 120–124.
*Vier Gründe zur Annahme des Literaturpreises der Stadt Bern.* Titel v. d. Hrsg. Originaltitel: Rede zur Verleihung des Literaturpreises der Stadt Bern. 1979. Aus FDWA. Bd. 34. Politik. S. 173–176.

*Schweizerpsalm III.* 1971. ibid. S. 183–185.
*Helvetisches Zwischenspiel.* 1969 [1968–1969]. Aus FDWA. Bd. 33. Philosophie und Naturwissenschaft. S. 70–81.
*Der Brudermord im Hause Kyburg.* Aus FDWA. Bd. 29. Turmbau. [ca. 1964–1990] S. 58–62.
*Eine Schweiz zu feiern? Gespräch zum 1. August mit Alfred Defago.* 1979. Aus FDG. Bd. 2. S. 278–285.
*Die Schweiz. Bemerkungen zu ihrer gegenwärtigen Lage.* [ca. 1979/1980]. Manuskript. Signatur SLA FD-A-m 229 II-A.
*Das gemästete Kreuz.* Aus FDWA. Bd. 29. Turmbau. [ca. 1964–1990] S. 76–84.
*Die Schweiz – ein Gefängnis. Rede auf Václav Havel.* [1990] Aus FDWA. Bd. 36. Versuche/Kants Hoffnung. S. 175–188.

*Vom Ende der Schweiz.* o. D. [um 1950]. Zuerst erschienen in Schweizer Monatshefte (Zürich), 74. Jg., H. 6, S. 13 ff.
*Kronenhalle.* o. D. [vermutlich um 1960]. Aus FDWA. Bd. 32. Literatur und Kunst. S. 217 f.

Der Diogenes Verlag dankt dem Schweizerischen Literaturarchiv, Bern, für die Bereitstellung der Manuskripte aus dem Nachlaß von Friedrich Dürrenmatt. Diese hier erstmals publizierten (von Dürrenmatt zu Lebzeiten nicht endredigierten) Manuskripte werden in dieser Ausgabe in ihrer letzten Fassung wiedergegeben; redaktionelle Eingriffe der Herausgeber sind mit eckigen Klammern markiert.

# *Friedrich Dürrenmatt im Diogenes Verlag*

Werkausgabe in 37 Bänden mit einem Registerband

Jeder Band enthält einen Nachweis zur Publikations- und gegebenenfalls Aufführungsgeschichte sowie zur Textgrundlage

## ● Das dramatische Werk

*Es steht geschrieben / Der Blinde*
Frühe Stücke

*Romulus der Große*
Eine ungeschichtliche historische Komödie in vier Akten.
Neufassung 1980

*Die Ehe des Herrn Mississippi*
Eine Komödie in zwei Teilen (Neufassung 1980) und ein Drehbuch

*Ein Engel kommt nach Babylon*
Eine fragmentarische Komödie in drei Akten. Neufassung 1980

*Der Besuch der alten Dame*
Eine tragische Komödie. Neufassung 1980

*Frank der Fünfte*
Komödie einer Privatbank. Neufassung 1980

*Die Physiker*
Eine Komödie in zwei Akten. Neufassung 1980

*Herkules und der Stall des Augias / Der Prozeß um des Esels Schatten*
Griechische Stücke. Neufassung 1980

*Der Meteor / Dichterdämmerung*
Zwei Nobelpreisträgerstücke. Neufassungen 1978 und 1980

*Die Wiedertäufer*
Eine Komödie in zwei Teilen. Urfassung

*König Johann / Titus Andronicus*
Shakespeare-Umarbeitungen

*Play Strindberg / Porträt eines Planeten*
Übungsstücke für Schauspieler

*Urfaust / Woyzeck*
Zwei Bearbeitungen

*Der Mitmacher*
Ein Komplex. Text der Komödie (Neufassung 1980), Dramaturgie, Erfahrungen, Berichte, Erzählungen. Mit Personen- und Werkregister

*Die Frist*
Eine Komödie. Neufassung 1980

*Die Panne*
Ein Hörspiel und eine Komödie

*Nächtliches Gespräch mit einem verachteten Menschen / Stranitzky und der Nationalheld / Das Unternehmen der Wega*
Hörspiele und Kabarett

*Achterloo*
Achterloo I / Rollenspiele (Charlotte Kerr: ›Protokoll einer fiktiven Inszenierung‹; Friedrich Dürrenmatt: ›Achterloo III‹) / Achterloo IV / Abschied vom Theater
Mit Personen- und Werkregister

● **Das Prosawerk**

*Aus den Papieren eines Wärters*
Frühe Prosa

*Der Richter und sein Henker / Der Verdacht*
Die zwei Kriminalromane um Kommissär Bärlach

*Der Hund / Der Tunnel / Die Panne*
Erzählungen

*Grieche sucht Griechin / Mister X macht Ferien / Nachrichten über den Stand des Zeitungswesens in der Steinzeit*
Grotesken

*Das Versprechen*
Requiem auf den Kriminalroman /
*Aufenthalt in einer kleinen Stadt*
Fragment

*Der Sturz / Abu Chanifa und Anan ben David / Smithy / Das Sterben der Pythia*
Erzählungen

*Justiz*
Roman

*Minotaurus / Der Auftrag oder Vom Beobachten des Beobachters der Beobachter / Midas oder Die schwarze Leinwand*
Prosa

*Durcheinandertal*
Roman

*Labyrinth*
Stoffe I–III: ›Der Winterkrieg in Tibet‹ / ›Mondfinsternis‹ / ›Der Rebell‹. Vom Autor revidierte Neuausgabe. Mit Personen- und Werkregister

*Turmbau*
Stoffe IV–IX: ›Begegnungen‹ / ›Querfahrt‹ / ›Die Brücke‹ / ›Das Haus‹ / ›Vinter‹ / ›Das Hirn‹. Mit Personen- und Werkregister

*Theater*
Essays, Gedichte und Reden. Mit Personen- und Werkregister

*Kritik*
Kritiken und Zeichnungen. Mit Personen- und Werkregister

*Literatur und Kunst*
Essays, Gedichte und Reden. Mit Personen- und Werkregister

*Philosophie und Naturwissenschaft*
Essays, Gedichte und Reden. Mit Personen- und Werkregister

*Politik*
Essays, Gedichte und Reden. Mit Personen- und Werkregister

*Zusammenhänge*
Essay über Israel. Eine Konzeption /
*Nachgedanken*
unter anderem über Freiheit, Gleichheit und Brüderlichkeit in Judentum, Christentum, Islam und Marxismus und über zwei alte Mythen. 1980
Mit Personen- und Werkregister

*Versuche / Kants Hoffnung*
Essays und Reden. Mit Personen- und Werkregister

*Gedankenfuge*
Essays. Mit Personen- und Werkregister /
*Der Pensionierte*
Fragment eines Kriminalromans (Text der Fassung letzter Hand)

*Registerband zur Werkausgabe Friedrich Dürrenmatt*
Chronik zu Leben und Werk. Bibliographie der Primärliteratur. Gesamtinhaltsverzeichnis. Alphabetisches Gesamtwerkregister. Personen- und Werkregister aller 37 Bände

Außerhalb der Werkausgabe lieferbar:

## ● Gespräche

*Gespräche 1961–1990*
4 Bände in Kassette. Band 1: Der Klassiker auf der Bühne 1961–1970. Band 2: Die Entdeckung des Erzählens 1971–1980. Band 3: Im Bann der ›Stoffe‹ 1981–1987. Band 4: Dramaturgie des Denkens 1988–1990. Herausgegeben von Heinz Ludwig Arnold. In Zusammenarbeit mit Anna von Planta und Jan Strümpe

## ● Briefe

Max Frisch/Friedrich Dürrenmatt
*Briefwechsel*
Mit einem Essay des Herausgebers Peter Rüedi. Mit zwei Faksimiles

## ● Einzelausgaben

*Der Richter und sein Henker*
Kriminalroman. Studienausgabe mit zahlreichen Fotos aus dem Film und einem Anhang

*Der Verdacht*
Kriminalroman. Mit einer biographischen Skizze des Autors

*Die Panne*
Eine noch mögliche Geschichte

*Grieche sucht Griechin*
Eine Prosakomödie

*Das Versprechen*
Requiem auf den Kriminalroman

*Justiz*
Roman

*Minotaurus*
Eine Ballade. Mit Zeichnungen des Autors

*Der Auftrag*
oder Vom Beobachten des Beobachters der Beobachter. Novelle in vierundzwanzig Sätzen

*Durcheinandertal*
Roman

*Der Pensionierte*
Fragment eines Kriminalromans (Bibliophile Ausgabe). Text der Fassung letzter Hand. Faksimile des Manuskripts. Faksimile des Typoskripts mit handschriftlichen Änderungen. Mit einem Nachwort von Peter Rüedi und einem editorischen Bericht

*Der Pensionierte*
Fragment eines Kriminalromans (Text der Fassung letzter Hand). Mit einem möglichen Schluß von Urs Widmer und einem Nachwort von Peter Rüedi

## ● Anthologien und Sammelbände

*Denkanstöße*
Ausgewählt und zusammengestellt von Daniel Keel. Mit sieben Zeichnungen des Dichters

*Das Mögliche ist ungeheuer*
Ausgewählte Gedichte. Mit einem Nachwort von Peter Rüedi

*Die Schweiz – ein Gefängnis*
Rede auf Václav Havel. Mit einem Gespräch des Autors mit Michael Haller sowie einer Rede von Bundesrat Adolf Ogi

*Das Dürrenmatt Lesebuch*
Herausgegeben von Daniel Keel. Mit einem Nachwort von Heinz Ludwig Arnold

*Meistererzählungen*
Ausgewählt von Daniel Keel. Mit einem Nachwort von Reinhardt Stumm

*Meine Schweiz*
Ein Lesebuch. Herausgegeben von Heinz Ludwig Arnold, Anna von Planta und Ulrich Weber. Mit einem Vorwort von Heinz Ludwig Arnold

## ● Das zeichnerische Werk

*Die Heimat im Plakat*
Ein Buch für Schweizer Kinder

*Die Mansarde*
Die Wandbilder aus der Berner Laubeggstraße. 24 Abbildungen mit Texten von Friedrich Dürrenmatt. Mit einem Essay von Ludmila Vachtova

## ● Über Dürrenmatt

Elisabeth Brock-Sulzer
*Friedrich Dürrenmatt*
Stationen seines Werkes. Mit Fotos, Zeichnungen, Faksimiles

*Über Friedrich Dürrenmatt*
Essays, Zeugnisse und Rezensionen. Mit Chronik und Bibliographie. Herausgegeben von Daniel Keel. Verbesserte und erweiterte Ausgabe 1998

*Herkules und Atlas*
Lobreden und andere Versuche über Friedrich Dürrenmatt. Herausgegeben von Daniel Keel

*Friedrich Dürrenmatt*
*Schriftsteller und Maler*
Ein Bilder- und Lesebuch zu den Ausstellungen im Schweizerischen Literaturarchiv Bern und im Kunsthaus Zürich

*play Dürrenmatt*
Ein Lese- und Bilderbuch. Mit Texten von Friedrich Dürrenmatt, Hugo Loetscher, Peter Rüedi, Guido Bachmann u.a. sowie Handschriften, Zeichnungen und Fotos

Heinz Ludwig Arnold
*Querfahrt mit Friedrich Dürrenmatt*
Aufsätze und Reden

# Max Frisch
# Friedrich Dürrenmatt
# *Briefwechsel*

Mit einem Essay des Herausgebers Peter Rüedi

Was sich Max Frisch und Friedrich Dürrenmatt schriftlich mitteilten, sind nicht einmal 40 Briefe, Postkarten und Notizen. Aber was hier erstmals gedruckt vorliegt, sind außergewöhnliche Dokumente einer kritischen, respektvollen, unter dem Druck des zunehmenden Ruhms der beiden erst ironisch-neckischen, dann ernsthaft gefährdeten, ja gescheiterten Freundschaft.
Die beiden berühmtesten Schweizer Autoren des 20. Jahrhunderts waren für den Literaturbetrieb, namentlich im Ausland, aneinandergekettet wie ein Komikerpaar, was die beiden gelegentlich belustigte und meistens ärgerte. Gemein hatten sie die Erfahrung einer 1939 bis 1945 verschonten und eingeschlossenen Schweiz und deren Schuld im 2. Welkrieg; die unterschiedliche, aber gleich entschiedene Armee- und Antikommunismuskritik; den Werkplatz am Schauspielhaus Zürich mit dem von beiden verehrten Dramaturgen Kurt Hirschfeld.
Bevor Frisch und Dürrenmatt in den 50er Jahren als Schweizer weltweit zu Stars avancierten, fanden in diesen Briefen kollegiale Werkstattgespräche statt, zwischen zwei Autoren, die strenggenommen nicht einmal der gleichen Generation angehörten.
Dürrenmatts »Abschiedsbrief« an Frisch vom 11. Mai 1986 beginnt mit dem Satz: *Lieber Max, es war für Dich einst ein Problem, daß ich zehn Jahre jünger bin als Du. Das spielt jetzt keine Rolle mehr. Unserer beider Rutschbahn, im Nichts endend, die wir noch hinunterzuschlittern haben, ist ungefähr gleich lang.*
Herausgeber Peter Rüedi, als Journalist und Dramaturg zu ihren Lebzeiten mit beiden Autoren im Gespräch, stellt den Briefwechsel in den Zusammenhang von Leben, Werk und Zeitgeschichte.

# *Gottfried Keller im Diogenes Verlag*

»So erklärt sich's doch einigermaßen, daß diese Bücher ihre schönste Wirkung, eine seelenhafte Freiheit und Heiterkeit, gar nicht in den Kopf ausstrahlen, sondern wirklich direkt ins Blut, so daß sie einem im Leben weiterhelfen und das nächste leichter machen, was man wirklich selbst von Goethe kaum sagen kann.« *Hugo von Hofmannsthal*

»Kellers eigentliches Gebiet war die kräftige Kleinplastik, und daher ist alle seine Romandichtung Novellenschichtung, auch wo sie dies nicht äußerlich ist. Er schrieb einmal, eine ungeschriebene Komödie gehe durch alle seine Epik, und in der Tat war seinem dichterischen Wesen eine feine Falte lächelnder Ironie dauernd eingekerbt.« *Egon Friedell*

*Der grüne Heinrich*
Roman. Zweite Fassung von 1879/80
Herausgegeben und mit einer Einleitung
von Gustav Steiner

*Die Leute von Seldwyla*
Erzählungen. Erster und zweiter Band
Herausgegeben und mit einer Einleitung
von Gustav Steiner

*Züricher Novellen*
Herausgegeben und mit einer Einleitung
von Gustav Steiner

*Meistererzählungen*
Mit einem Nachwort von Walter Muschg

# *Hugo Loetscher im Diogenes Verlag*

»Hugo Loetscher ist zweifellos der kosmopolitischste, der weltoffenste Schriftsteller der Schweiz. Es weht ein Duft von Urbanität und weiter Welt in seinen Büchern, die sich dennoch keineswegs von den sozialen Realitäten abwenden, ganz im Gegenteil. Hugo Loetscher ist eine Ausnahmeerscheinung in der Schweizer Gegenwartsliteratur nach Frisch und Dürrenmatt. Eine Ausnahmeerscheinung ist er durchaus bezüglich der literarischen Qualität. Er ist es aber auch als Intellektueller: Eben weil es ihm gelungen ist, die kulturelle und politische Enge der Schweiz in ein dialektisches Verhältnis zu bringen. Und fruchtbar zu machen.« *Jürg Altwegg*

*Wunderwelt*
Eine brasilianische Begegnung

*Herbst in der Großen Orange*

*Noah*
Roman einer Konjunktur

*Der Waschküchenschlüssel oder Was – wenn Gott Schweizer wäre*
Geschichten

*Der Immune*
Roman

*Die Papiere des Immunen*
Roman

*Die Fliege und die Suppe*
und 33 andere Tiere in 33 anderen Situationen. Fabeln

*Die Kranzflechterin*
Roman

*Abwässer*
Ein Gutachten

*Der predigende Hahn*
Das literarisch-moralische Nutztier
Mit Abbildungen, einem Nachwort, einem Register der Autoren und Tiere sowie einem Quellenverzeichnis

*Saison*
Roman

Hugo Loetscher & Alice Vollenweider
*Kulinaritäten*
Ein Briefwechsel über die Kunst und die Kultur in der Küche

# *Urs Widmer im Diogenes Verlag*

»Wer kann heute noch glitzernde, glücksüberstrahlte Idyllen erzählen? Wer eine Geschichte über den Golfkrieg und die A-Bombe? Wer ein Märchen für Erwachsene von – sagen wir: fünfzehn an? Und wer eine Liebesgeschichte über Lebende und Tote, die uns traurigfroh ans Herz geht? Die Antwort: Urs Widmer. Er kann all dies aufs Mal und all das ist, eine Rarität in der deutschen Literatur, tiefsinnig und extrem unterhaltend zugleich.«
*Andreas Isenschmid/Die Zeit, Hamburg*

*Alois/Die Amsel im Regen im Garten*
Zwei Erzählungen

*Das Normale und die Sehnsucht*
Essays und Geschichten

*Die Forschungsreise*
Ein Abenteuerroman

*Die gelben Männer*
Roman

*Vom Fenster meines Hauses aus*
Prosa

*Schweizer Geschichten*

*Shakespeare's Geschichten*
Alle Stücke von William Shakespeare, nacherzählt von Walter E. Richartz und Urs Widmer. In zwei Bänden

*Das enge Land*
Roman

*Liebesnacht*
Eine Erzählung

*Die gestohlene Schöpfung*
Ein Märchen

*Indianersommer*
Erzählung

*Das Verschwinden der Chinesen im neuen Jahr*
Mit einem Nachwort von H.C. Artmann

*Auf auf, ihr Hirten! Die Kuh haut ab!*
Kolumnen

*Der Kongreß der Paläolepidopterologen*
Roman

*Das Paradies des Vergessens*
Erzählung

*Der blaue Siphon*
Erzählung

*Liebesbrief für Mary*
Erzählung

*Die sechste Puppe im Bauch der fünften Puppe im Bauch der vierten*
und andere Überlegungen zur Literatur. Grazer Vorlesungen 1991

*Im Kongo*
Roman

*Vor uns die Sintflut*
Geschichten

## *Alex Capus im Diogenes Verlag*

### *Munzinger Pascha*

Roman

Das ist die wahre Geschichte von Werner Munzinger, der 1852 auszieht, um die Sklaverei in Afrika abzuschaffen. Als Händler und Forschungsreisender zieht er nach Kairo und ans Rote Meer, den sagenumwobenen Nilquellen entgegen. Er heiratet und wird Bauer, verwickelt sich in Kriege und Intrigen, und gegen seinen Willen steigt er auf zu Reichtum, Macht und Ehre.
Das ist aber auch die Geschichte des Reporters Max Mohn, der 150 Jahre später aufbricht, um Munzingers Spuren im Wüstensand aufzuspüren...

»Dieser Erstlingsroman ist ein Wurf. Weil Alex Capus ein begnadeter Erzähler ist. Wunderbare Literatur.«
*Hansjörg Schertenleib/Die Weltwoche, Zürich*

### *Eigermönchundjungfrau*

Geschichten

*Das Auto lag mit dem Dach nach unten in einer Wiese, zerknüllt wie ein nie abgeschickter Liebesbrief.*
In neunzehn Geschichten entfaltet Alex Capus einen Bilderbogen über das Leben der heute gut Dreißigjährigen: Bald mit leiser Wehmut, bald mit bissiger Ironie erzählt er von jenen, die sich den Haaransatz blond nachfärben lassen, denen, die ihren Platz im Altersheim schon reserviert haben, aber auch von den wenigen, die den Ausbruch versuchen.

»Alex Capus findet jenen Ton treffsicherer und leichthändiger Ironie, der in der deutschsprachigen Literatur so selten ist.« *Ralf Konersmann/FAZ*